财新丛书
Caixin book
series

财新丛书
Caixin book
series

U0677381

财新丛书
Caixin book
series

财新丛书
Caixin book
series

财新丛书
Caixin book
series

财新丛书
Caixin book
series

财新
Caixin
series

财新丛书
Caixin book
series

财新丛书
Caixin book
series

财新丛书
Caixin book
series

财新丛书
Caixin book
series

财新
Caixin b
series

财新丛书
Caixin book
series

胡舒立 / 主编

新常态改变中国

首席经济学家谈大趋势

吴敬琏　厉以宁　林毅夫　许小年
周其仁　管清友　张维迎　李稻葵

民主与建设出版社

图书在版编目（CIP）数据

新常态改变中国 / 胡舒立主编；吴敬琏等著. — 北京：民主与建设
出版社，2014.7

ISBN 978-7-5139-0479-7

Ⅰ.①新… Ⅱ.①胡… ②吴… Ⅲ.①中国经济—研究 Ⅳ.①F12

中国版本图书馆 CIP 数据核字（2014）第 231230 号

新常态改变中国

出 版 人	许久文
责任编辑	程　旭
装帧设计	崔振江
内文排版	北京八度出版服务机构
出版发行	民主与建设出版社有限责任公司
电　　话	（010）59417749　59419770
社　　址	北京市朝阳区阜通东大街融科望京产业中心B座601室
邮　　编	100102
印　　刷	三河市鑫金马印装有限公司
开　　本	170mm×240mm
印　　张	17
字　　数	270千字
版　　次	2014年12月第1版　2020年1月第3次印刷
书　　号	ISBN 978-7-5139-0479-7
定　　价	39.80元

注：如有印、装质量问题，请与出版社联系。

寻求新常态下经济政策的基点

胡舒立

编辑出版反映经济趋势和政策走向的文集，已经是财新传媒延续多年的惯例。大家都知道，财新传媒有很强的传播能力，在国内外都很有影响。财新传媒的影响力和传播力，是以其作为公共讨论平台所具有的开放和包容精神为基础的。不同倾向的学者们在这里发表意见，形成公共辩论，对政策制定和实施发挥积极的推动作用，在这个意义上，财新传媒已经具有了智库的功能。

本书是财新传媒的又一新奉献。书中汇集了23位经济学者的32篇文章。这23位作者均为一时之选，多位还是当前中国最有威望和影响力的大家，如吴敬琏、厉以宁等。本书所涉及的经济问题十分广泛，其中不乏争议甚大的问题，比如张维迎与林毅夫围绕中国发展方式的争论，总的基调则聚焦在十八届三中全会后经济政策的调整上，其中最突出的，是经济"新常态"。

作为对中国经济阶段性特征的描述，"新常态"的提法及其背后的政策含义，在政策层面和经济学界已经达成了高度的共识。2014年5月，习近平总书记指出，"我国发展仍处于重要战略机遇期，我们要增强信心，从当前我国经济发展的阶段性特征出发，适应新常态，保持战略上的平常心态"，这是高层决策者首次将"新常态"一词用于描述中国经济。

在考察这一概念的源流时，我们注意到，在全球性金融危机爆发后，就有学者开始用"新常态"描述危机后的金融和经济特征。2012年，有研究者明确提出，"7%～8%已成为中国经济增长的'新常态'"，并称"经济'新常态'对经济决策提出的最重要的要求是放弃单纯追求GDP增长的政策目标"。2013年3月，国务院发展研究中心的一份报告使用"新常态"一词描述经济运行。

"新常态"概念的提出，建立在对过去30年特别是过去10年中国经济增长及政策得失分析的基础上。与此前经济增长呈现出的主要特征相比，最近几年中国经济增长确实呈现出了新的特征。中国GDP增速在2009年"四万亿"刺激下经历了一轮反弹，但从2010年之后开始持续走低，到2012年，市场对中国经济"强复苏"的展望不断下调至"弱复苏"和"软着陆"。从2013年开始，中国经济出现明显的短周期波动特征，而进入2014年后，波动更为频繁，并且开始稳定在7%～7.5%这一通道内。

新常态到底有何显著特征？在本书中，经济学家给出了自己的答案。比如厉以宁教授就指出，新常态是相对于此前的"不正常"而言的。他说，在之前一段时间，特别是2003年以后，为了防止GDP的下降，采用了增加投资、放宽银根这样一些措施，这就造成了GDP在一段时间内都保持在9%、10%甚至更高的增长率，这属于不正常。要进入经济稳定的增长状态，GDP增速不一定要太高，保持一个比较高的速度就行了。所以，我们要转入常态。厉教授特别强调了调结构的重要性。

从目前的讨论来看，至少有一点是有共识的，即中国经济将下行进入中高速发展阶段。更准确地说，新常态是中国经济从旧稳态调整至新稳态的过程，也就是从过去20年年均10%左右的GDP增速逐渐过渡到更为持续、健康、均衡的增速上。而对于新常态下经济增速在何处探底，则仍存诸多争议，比如林毅夫和李稻葵就认为改革有望使经济增速回到8%左右。

这涉及究竟是供给端制约还是需求端萎缩的问题。短期来看，经济下滑的问题出在需求萎缩，尽管人口、环境等制约因素也将影响到长期供给，进而导致经济增长潜力下降。对应到微观层面，就是我们更多的是看到了大量企业产能过剩、劳动力闲置，而非企业加班加点，供不应求。

结构调整是经济学界的共识。如果解决好结构失衡导致的需求不足问题，中国经济增速有可能不必面临大幅度下调；反之，在短期内只能依赖于资本堆积，再次导致高负债和泡沫。国务院发展研究中心在近期的一项关于"增长阶段转换"的研究课题中对增长前景做出了判断，"未来10~15年之内，中国经济具有实现6%~8%的中高速增长的潜力"。

正是由于中国经济存在结构性矛盾，宏观政策出现了新的变化，不再是一味刺激至强复苏，也不会强力挤压，而是采取定向、迅速的刺激政策，短期企稳后又开始去杠杆，让市场下行压力与政府向上托力之间形成稳态均衡。尽管当下的调控手段和力度还不甚明朗，甚至市场上出现了"要求大规模刺激是不信任改革"和"全面降准降息防止经济失速"两种极端的声音，但高层决策者还是对此表达了高度的自信。李克强总理日前表示，不会出台短期强刺激政策，而要对那些需要支持的企业和产业给予扶持。他强调："我宁肯用'改革'这个词来强化我们推进结构调整措施的理念。"

对经济下行采取容忍态度，对结构调整的信心就建立在新常态的判断上，根据这一判断，传统上势必要采取的财政货币政策就不再是优先选项。中国人民银行研究局首席经济学家马骏在本书中指出："过去的教训是，在经济刺激的过程中，国企和地方政府平台获得了最多的资金，刺激之后则带来如下后遗症：杠杆率上升过快，带来金融风险；经济结构重型化和国企化；产能过剩严重……"其中，最明显的一个变化是：央行在资产端（再贷款、PSL［抵押补充贷款］等定向金融）的操作，让信用更多地流向中央政府着力于调结构的部门和项目，流向地方平台的比例会逐步下降。只要原来的经济结构和资源分配体制没有回归合理，央行对于负债端操作就会非常谨慎。

从这种宏观政策的变化来看，稳增长和调结构并不矛盾，主要看是否持续地进行结构调整。本书中，吴敬琏、林毅夫、张维迎等学者为读者构建了全面深化改革的分析框架。比如吴敬琏先生认为，要停止无效投资，停止对僵尸企业输血，用国有资本偿还政府或有负债，防止发生系统性危机，为改革创造条件。总的来看，未来中国经济增长逐渐淡化房地产部门的影响，地方政府财政逐渐弱化与土地之间的关系，这是一个必然的方向。基于存量调整的定向供需政策和政府层面的改革将成为重点，有助于更好地引导中国经济实现转型升级和结构调整的目标。

那么，在传统经济增长点逐渐褪色的背景下，本书也系统回答了关于未来新增长点的问题。长期的增长潜力首先来自改革红利的释放，尤其是上海自贸区、京津冀一体化、城镇化所推出的一揽子改革政策，制度创新而非优惠政策将极大地提高生产效率。其次，诸如互联网金融之类的新兴产业的发展也对传统产业造成了不小的冲击，并成为转型的新方向。

需要特别强调的是，在关于"新常态"的讲话中，习近平在"适应新常态"这句话之后，接着说"保持战略上的平常心态"。适应新常态这一新形势，各级政策部门必须做出心态上的调整，将心态调整到平常状态。"新常态"必须附之于"平常心"，只有有了平常心，才能适应新形势。

对于把握中国当前宏观经济政策走向来说，平常心是比新常态更为重要的基点。正如周其仁教授所说，习惯了14%的高速度，当经济增速下降到7%时，大家都坐不住了，慌了神，就赶紧采取刺激措施。

这种心态需要调整。而在平常心的背后，实际上是如何管住政府这只手的问题。正确处理政府与市场的关系，仍然是当前最关键的课题。在经济新常态的背景下，政府必须改正急于出手、乱出手的毛病。

目录
CONTENTS

第一篇

释义新常态

破题中国经济新常态：三大改革最重要

厉以宁
著名经济学家、北京大学光华管理学院名誉院长

"新常态"：兼顾增长率与增长质量

最近习近平总书记在调研中经常说，从我国当前经济发展的阶段性特征出发，要适应新常态，还要保持战略上的平常心态。那么，如何理解这个经济上的新常态呢？其实，在习总书记讲这一点之前的一段时间，特别是2003年以后，我们的经济增长是不正常的。为什么说不正常呢？因为当时受到国内经济的影响，接着又受到美国金融危机的影响、欧元主权债务危机的影响，等等。所以，为了防止自己的GDP下降，我们就采用了增加投资、放宽银根这样一些措施，这样就造成了GDP增长率在一段时间内都保持在9%、10%，甚至更高，这就属于不正常。如果要进入一个经济稳定的增长状态，GDP增速不一定要太高，保持一个比较高的速度就行了。这就是所谓我们要转入常态。

要转入常态，按照中国当前的情况，在最近一段时间内，也许增长率在7%左右并不是太高，但是适合中国的国情，因为我们的关键在于调结构。如果经济增长质量不好，经济结构始终没有得到调整，那么不仅成本会越来越高，产品的销路也会越来越窄，而且可能错过了技术创新、结构调整的最佳时机。所以，经济增长的质量比经济增长率本身更能够代表中国经济的发展方向。

面对新常态，无论是对于地方政府、国有企业还是我们大众来说，都应该保持平常心态。对大多数企业来说，平常心态应该体现在三个方面。第一，应该有一种自主创新的动力。有了自主创新的动力，依靠自己的产品，依靠技术进步，就能够占领市场。动力主要就是靠创新。第二，对每家企业来说，要适应新的形势的变化。比如，现在的新形势变化表现为互联网的影响越来越大，实际上这意味着消费者参与的程度越来越高，那么当前消费者的选择就是最重要的。如果摸不清这个新的变化，还跟过去一样，那么产品可能很快就会滞销，很快就会被别人赶上。第三，每家企业的管理都是有潜力的，营销也是有潜力的，市场是靠人来创造的。有了这个想法，管理就会有改进，营销就会有所变化，这样，我相信企业就处于常态了。企业不要求太高的增长率，而要求稳扎稳打，看准了市场，坚持自己的方向，自己努力就会有成果，这就是平常的心态。

在目前的情况下，GDP的增长率保持在7%，会是一个比较合理的状态。前几年我们的GDP增长率都是在8%~9%的区间，其实在前几年的形势下，这个增长率是很合理的。最近，一些机构发布了关于中国GDP增幅的预测，大概都在7.5%左右，到明年可能会降到7%。我觉得就算是7%也是不低的，在全世界范围来讲仍然属于高增长。另外，一个国家的GDP增长率有一度可能高，但时间不会持续太久。长时期来看，我们在今后比较长的时间内能够保持7%甚至是6.5%~7%的增长，这是跟中国整个的变化相适应的。为什么？第一，这个增长率在全世界范围来讲绝对不低。第二，我们重在结构调整，结构调整本身是限制增长速度的，如果单纯为了增长速度，而把结构调整放到次要位置，那就是本末倒置了，将来会后悔的。还有第三点，今后的发展并不是看产品数量，而是看产品质量。经济增长也是一样的，不是靠增长率，而是靠增长的质量，我们要把这个问题把握住了。所以，今后十年之内增长率如能保持在6.5%~7%，我觉得挺好的。

另外一点，单纯追求高增长率，可能导致几个大问题。第一，环境还能不能保护得那么好？如果环境的破坏程度加剧，那是不行的。第二，资源的消耗率怎么样？有些稀缺资源被拼命使用，比如土地就是一种稀缺资源，如果用完了怎么办？第三，与高增长率相适应，得有熟练的技术工人。如果没有形成熟练的技工队伍，还是靠原来的劳动力，能够适应这个制度创新、结构调整的长期目标吗？也不一定。所以，还要加快培养当前需要的熟练技术人才，长期来看，6.5%~7%的增长率可能是比较合适的。

谈"地方债"：要还，要审查，更要调整经济结构

最近大家看到，有一些地方政府考虑到投资的整体总量的下滑，以及房地产市场的低迷，还是出台了相应的所谓"微刺激"的政策。不讲"微刺激"，改成"微调"可能更好一点，因为宏观经济调控最忌讳大升大降、大起大落、左右摇摆，这对经济损害很大。所谓"微刺激"，实际上就是微调，而微调是可以的，宏观的重点应该放在微调、预调上，不能大起大落。过去我们是吃过这个亏的，结果增长率是很高了，但产能过剩也来了，产品积压了，在市场上销不掉，然后又人为地制造一些销路，结果呢，产能过剩的问题始终没解决。所以，我们要想把结构调整得更好，把产能过剩的现象压下去，我相信6.5%~7%的增长率是一个明智合理的选择。

在2009年和2010年，有大批的国家经济刺激政策出台，所以地方政府以及大型的国有企业实际上是欠了很多债务，以履行所谓的经济刺激政策。有人问了，现在因为所谓的"微刺激"或者说微调，地方企业或者地方政府的债务危机是否会加重？我的回答是，肯定会的。因为地方要发展，首先考虑的问题是怎么还债，在借债的同时就必须考虑怎么还债，这就是实际存在的压力。有人不考虑怎么还，觉得问题不大，中央给兜底了，但是现在想靠中央兜底是不大可能了。地方发的债券有的是企业债券，但主要还是地方政府债券，那么地方政府还债的问题怎么解决呢？财源何在？假如是无效的增长，产能过剩，将来还债就有问题了。钱到手以后该怎么用，这对地方政府来说成了第二个压力。第一个压力是债务增多了，第二个压力是怎么还，用在什么地方才能还，地方政府要仔细考虑这些问题。如果没有事前的规划，把这笔钱当成是天上掉馅饼，最后是没有好处的。

最近大家都在谈地方债务，有一个数字是总量20万亿美元，就有很多人担忧，地方债务的这样一个规模，会不会影响我们接下来的经济发展。确实，地方债务的增加会带来新的压力，实际上不仅地方政府有压力，中央政府也有压力。如果中国是联邦制国家，中央就不管地方财政了，地方政府该破产就破产，但是中国不是联邦制，在这种情况下，中央也会有压力。所以，中央要帮助地方把好这个关。地方有一个最大的问题，就是不会花钱，钱都花到不需要的地方去了，那怎么行？发债券首先要考虑还债的路在哪里，所以地方的经济要调整，地方经济不调整，靠什么来还债？还有地方的人才培养，地方企业应该进一步繁荣地方经济、增加地方税收，这都是应该考虑的。

现在中央政府已经允许地方政府直接发债，同时很多地方正在经历经济结构的调整过程，但这是一项长期任务，不可能一蹴而就，也就是说，很多地方政府确实没有想到应该怎样来还他们的债。这就是一个大问题，要关注地方发债的审查情况怎么样，有没有合适的规划，钱怎么用是不是有方案，怎么还，有没有保障。要解决这个问题，地方有两个念头要断掉。第一个念头是，反正地方还有地，实在不行我就多卖地嘛。这是不对的，靠卖地来还债，对地方的长远发展是有影响的。第二个念头是，哎呀，我不还的话，中央政府也会兜底的，难道看着我破产？或者还有一个办法，到时候发新债还旧债嘛，无限期地拖嘛。这些观念都要改正。这里涉及一个问题，地方的财政收入要用来有效发展经济，绝不可以是空谈，绝不能给地方以希望，说可以靠卖地来还债，靠发新债来还债，这些都是不正确的。

谈"新一轮改革"：三个方面最为重要

从2013年11月开始，我们启动了新一轮的改革计划，现在已经近十个月过去了。这一轮改革有三个方面是最要紧的，应该加快速度。

一是当前的国有企业体制改革，实际上包括了国家资本如何运用，是管企业还是管资本，怎样把资本运用得更好，提高资源配置效率，等等。这是一个主要方面，这个改革搞好了，接下来相关的，要大力开展混合所有制经济的筹备建立工作，因为长远来看，混合所有制经济肯定是有发展前途的。

二是城镇化建设，但是城镇化不是单纯的建设任务，是改革任务。改什么呢？改城乡二元体制，要做到城乡一体化，要让农民跟市民没有身份的差别，这是城乡一体化最终需要做到的。这项改革任务很重大。各地正在做，什么老城区、新城区，以及新农村变成新社区，都在顺着这条路做。这里面要澄清一个观念，很多人认为城镇化是单纯的建设任务，马路越宽越好，楼房越盖越高，这都不是正道。城镇化是有建设，但首先一定要有改革，所谓城乡一体化，就是农民跟市民没区别了，"农民工"这个名词也不存在了，农民不是一种身份而是一种职业了，大家都是一样的城市户口，这样才会调动起很高的积极性，中国的积极性来自民间积极性的发挥。这就是第二项改革任务。

第三项改革任务是收入分配制度的改革。如果收入分配制度不改革，贫富差别就会一直存在。如果贫富差别一直存在，中国的低收入阶层的积极性就很难调动起来，低收入家庭的收入就很难增长。这里包含了以下几个方面，重点在初次分配。

第一，初次分配的第一个问题就是农民要有产权。农民长期以来都是没有产权的，比如房子说征用就征用了，得到的补偿远远不够；农民虽然有土地经营的自主权，但没证，他的土地说被征用就被征用，变成了无地、失地农民。改革要继续，首先要在农村做到"确权"，收入分配中首先要让农民有产权。

第二，在低收入者的工资收入方面，涉及劳方和资方。劳方是谁呢？就是到市场上来找工作的农民，包括城里的低收入者。资方是谁呢？就是大企业。单个农民进城以后在市场上找工作，他的对手是强大的大中企业，特别是大型企业。资方需要人，但两方的地位是不平等的，溢价权在大企业手中，而农民是没有溢价权的。所以，这就需要改革。工会应该参与，形成三方：工会、用人方和提供劳动的一方。三方合作，这样就能够使劳动者的收入水平提高，工资的溢价就是这么出来的。

第三，农民要出卖产品，谁来收购？如果大公司、大超市来收购，他们跟单个农民处于不平等的地位，他们给农民定个价钱，农民若要针对价钱力争，他们就可以层层设卡，比如，哎呀，你的质量不行，降价、降级。谁说了算？还是大企业说了算。所以，要解决这个问题也应该三方联合。因为农村有农村的情况，所以农民是一方，农民的合作社是一方，最好农民的合作社跟农民是站在一起的，而且光有合作社的力量还不够，还应该有联社，这样一起跟对方谈判，农民的溢价力就强了。这就是收入分配改革的第三个方面。

第四，初次收入分配还有一个改革，跟教育体制的改革有关系。

在教育资源不能够做到均衡分布之前，低收入家庭的孩子上学难，升学更难，而且低收入地区的教学质量不好。所以，应该根据国情对这种不均衡分布进行调整，改革职业教育体制，大力发展职业技术教育，包括中等及高等职业技术教育。教育资源的这种倾斜，符合中国熟练技术人才培养的前景。低收入家庭有了更多的收入以后，就可以使自己的生活得到改善。

做到这四点，整个初次分配就有很大的进展了。当然，二次分配也很重要，但二次分配当前的重点是城乡社会保障一体化，使得城乡老百姓对生活少了后顾之忧，积极性就会更高，收入增多了，消费就会开始发生、增加、变化。所以，后顾之忧的解除是提高消费的一个重要方面。

关于实现城乡居民身份无差别，这个理论我第一次提出是在大概十年前。就中国现实来看，实施起来是双轨制。

特大型城市采用的是积分制，因为只有积分制才能把那些在城里干了二三十年活儿的农民工留在这个城市，不然他们会不安，如果别的城市环境好了，他们就容易被别人挖走。采用了积分制，只要积分够了，全家就能取得大城市的户口，如果积分还差一点，就给他们做工作，快了快了，再等一等，再努把力，过两年就有了，这样就可以把人稳住。

而在中小城市和新农村呢？是分区推进，成熟一个推进一个，成熟一片推进一片。这里有三个问题要解决：缩小城乡社会保障差距，逐渐走向一体化；公共服务要到位；充分就业。如果没有充分就业，只是把农民改市民，就没什么意思。这三点一定要做到，将来农民是一种职业，而不是一种身份。

什么是中国与世界的新常态

李稻葵
清华大学经济管理学院经济学讲席教授、博士生导师

　　新常态是本轮金融危机爆发以后，近年来国际上描述发达国家经济与金融状况的一个常用说法，该说法在最近两年的冬季达沃斯论坛（世界经济论坛）上频繁出现。而中国经济从2013年开始进入一个增长速度相比之前明显下降的发展阶段，新常态也因此被反复用来描述中国经济的新形势。

　　新常态对中国和世界来说到底意味着什么？对这一问题的判断，无疑是一个影响中国经济、社会以及企业相关决策的重要课题。以下，我们分别针对发达国家、除中国之外的新兴市场国家以及中国三类经济体，分析其各自发展的新常态。由于分析过长的年份需要更加粗线条的研究框架，精准度也随之下降，本文将时间窗口设置为未来三年到五年的中期发展阶段。

发达国家的新常态

国际金融危机爆发六年之后，发达国家陆续进入后危机时代的恢复进程，不仅英国、美国，即使是危机深重的希腊、西班牙，也已经全面进入逐步走出危机、不断修复创伤以及调整引发危机的深层次问题的阶段。

对英国、美国等国来说，新常态意味着经济总体增长速度比之危机前略有下降，但最重要的是，这些国家在危机后的增长主要来自于金融、房地产、高科技、高端服务业等领域，因此其所面临的最大挑战是如何协调经济发展与经济恢复过程中的社会矛盾。尤其突出的问题是，全球化的大格局导致发达国家一大批低技能人群丧失了经济竞争力。以美国为例，尽管失业率不断下降，但大量人口长期失业且已经不纳入失业的统计。因此有人讲，美国的恢复是富人的恢复，收入差距在扩大。在英国，虽然经济增长速度并不低，但是员工的薪酬在下降，这是连英国人自己都感到分外吃惊的经济现象。

综合分析，西方发达国家新常态的主要特征是：在全球化的压力下，经济社会体制和政策"向左转"，更加强调分配的公平性，强调对市场机制尤其是金融市场的约束，同时，对社会高收入人群的税收也会有所加强。这一点从最近一个时期以来，法国经济学家皮凯蒂（Piketty）的新作走红并引发热议中可以得到一定的佐证。

中国之外的新兴市场国家的新常态

中国之外的新兴市场国家，在这一轮金融危机初期所受到的影响相对有限，而从2009年开始，当发达国家大规模推行量化宽松及其他宽松的货币政策之后，大量资本涌入新兴市场国家，再加上中国经济迅速恢复所带来的对大宗商品需求的上涨，新兴市场国家的经济出现了一轮兴旺、蓬勃发展的可喜格局。不幸的是，这一轮发展的基础并不牢固，因为不少国家的市场机制并不牢固，宏观管理并不够稳健，所以从2013年年初开始，当美联储宣布将逐步退出量化宽松政策的时候，新兴市场国家遭遇了新一轮撤资的冲击。可以预计，在发达国家货币政策调整的影响下，这些国家的新常态将是经济整体增长速度的低迷，而这个低迷的过程又会刺激一部分新兴市场国家不得不推行一些面向市场化的经济体制改革。

所以，新兴市场国家新常态的基本主题，是在低增长时代寻求经济体制的改革，试图为新一轮的增长创造一个制度基础，简而言之，"向右转"。可以肯定的是，部分新兴市场国家能够抓住机遇，推行改革；而其他一些国家很可能回避改革，将自己的经济推向更加艰难的困境。

中国经济的四种新常态

许多分析家认为，中国经济新常态的基本点就是增长速度的逐步下降，以及债务水平的逐步调整。在我看来，这些分析不一定全面，原因在于这些分析过多地关注宏观经济的表现，而我们需要更加深入地分析中国经济新常态的一些内涵，即哪些潜在的非常重要的经济、社会现象将决定中国宏观经济的新常态表现。综合来看，中国经济的新常态将有四个方面的重要表现。

1. 新旧增长点的拉锯式交替

这将是中国经济新常态最明显、最突出的一个特点。中国旧的增长点有两个，一是出口，二是房地产，它们将会逐步地、有一定反复地退出。其中，出口的增长将直接受到国际经济波动的影响而出现各种波动和反复。总体上讲，因为中国经济的体量在不断增长，而世界市场将难以支撑中国出口的持续增长，所以，出口以及贸易顺差占中国GDP的比重将不断下降。但这个过程不是线性的，而是波动的。

在中国城市居民基本住房需求大致得到满足这个大背景下，加之金融市场的调整使得百姓的投资回报率上涨，房地产增长也会出现波动式的下降。这些旧增长点波动式的下降，将与新增长点不断波动式的上升，为整个宏观经济的增长带来阵痛。

中国经济的新增长点有三个：第一是长期性的、公共消费型的基础建设投资。这些投资包括高铁、地铁、城市公共设施建设、空气和水污染的治理等。第二是各种生产能力的转型和升级，包括高污染、高能耗的产能的升级。这也不可能是线性的、平稳上升的，一定会出现波动，这与资本市场融资成本的高低以及政府产业政策的调整有密切关系。第三是居民消费，中国的居民消费占GDP的比重已是每年上升0.7%，目前已升至47%左右。

问题的关键是，旧增长点的退出是波动性的，新增长点的发力也不是平稳的，因此，未来三五年的经济增长速度将会出现波动。这种波动与中国传统的宏观经济波动不同，传统的宏观经济波动更多地来自总需求的波动，包括投资需求的波动，因此政府需要经常性地踩刹车，通过各种政策和行政手段来应对。而在中国经济的新常态下，宏观经济波动的本质是新老增长点的交替。这种交替将不断导致增长的内在动力不足。因此，宏观政策在这段时间的基本主题将是稳增长，采取各种措施来为新增长点催生。其中最重要的一点可能是公共消费型基础建设投资的投入，这种投入从一定程度上讲显然需要政府来主导，这也是政府稳增长的主要发力点。

与此相关的是，中国经济由于国民储蓄率高企，所以目前高达200%左右的债务/GDP比例还会提高，所谓的去杠杆率的进程短期内不会到来。高储蓄带来的高杠杆是合理的，关键是结构，有政府担保的长期债务大有必要提高。

2. 渐进式的经济结构调整

中国经济新常态的第二个表现事实上已经出现，那就是潜在的、渐进式的，并没有完全被观察者所识别的结构调整。这种结构的调整具体体现在以下几个方面。

一是劳动工资率的持续上涨，尤其是蓝领工人的工资上涨，其背后的原因是剩余劳动力的减少殆尽。与蓝领工人的工资以两位数上涨、明显超过名义GDP增长速度形成对比的是，总体上资本的收益率在下降。事实上，当前中国已经处在资本成本较高的阶段，这种实际利率在3%以上的情形在改革开放年代并不多见。相信经过下一轮改革，实际利率又将会下降，毕竟中国经济的基本特点是高国民储蓄率。就算按照目前的水平，蓝领工人劳动工资上涨已经带来了资本取代劳动力的趋势，各行各业都在想方设法提高资本对劳动力的比重。伴随着资本取代劳动力，资本积累将会加速。

第二个悄悄推进的结构调整，是随着新型城镇化的发展，除特大型城市外，户籍已经基本放开，中国的劳动人口将实现60年来的第一次自由迁徙。今后，中国经济的区域布局将超出行政规划的约束，呈现各城市、各地区竞争高质量人口的格局，中国的经济地理将会发生重大变化。这一进程对中国经济发展的影响将极为深远。

第三个结构调整也已经开始，那就是居民消费的比重、服务业的比重均不断上升。而且，服务业不只是生产性服务业，也包括物流、配送、电商、金融服务等消费性服务业。劳动就业的主要流向也在服务业。

3. 改革的艰难推进

这也将是中国经济的一个新常态。本轮改革的决心和目标以及覆盖面可以说是前所未有的，与此同时也必须看到，改革的阻力恐怕也前所未有。与前几轮改革相比，当前改革的重要特点是改革动力的缺位。

改革的动力应该来自两个方面，一是上层推动改革的能量。这种自上而下的动力现在非常充足，中央特别成立了全面深化体制改革领导小组。但问题是，本轮改革中，基层政府与国有企业显得比较被动，整体上缺少创造力，能量不足。其原因是多方面的，其中一个比较重要的方面是一些官员激励不足胆小怕事，不愿冒头，担心改革引发矛盾，从而导致对自身历史问题的调查和追究。

目前经济领域最引人瞩目的三大改革，第一是金融体制改革。这一改革目前是自上而下推进的，所以进展相对顺利，利率市场化在未来两到三年内有可能基本完成，民间资本创办的银行已经开始布局，资本账户的开放也已提上议事日程。第二是财政体制改革，目前处在规划中，重点是完善税收体制、划分中央与地方的财政关系。这种自上而下的改革也许在不久的将来可以得到推进。第三大改革，是大家众望所归但处于相对停滞状态的国有企业改革。国企改革的根本在于进一步地市场化，在于把国企与政府进一步地分离，在于国企要进一步地资本化运营，但是目前这些方面的探索远远不足。总之，艰难的改革将是中国经济的新常态。

4. 国际经济领域中国要素的提升

过去30年以来，中国基本处于接受国际经济规则、融入国际金融体系的大进程中。但时至今日，国际格局已经发生了重大变化，中国已经是世界经济的"万吨巨轮"，由于国民储蓄率高企、资金雄厚，中国很快将成为世界第一大投资国，对外投资超过吸引外资，企业规模也随之不断扩大。因此，中国与世界的互动已经成为一个双向反馈的过程，不仅中国经济要进一步接受国际规则的要求，提升国际化水平，同时中国也在不断对世界经济的运行规则提出自己的修改意见，不断通过各种运作让国际社会接受自己的一些基本诉求。比如，参与创办包括金砖国家开发银行在内的金融机构，以此来改善国际经济秩序。中国已经不是一个简单的国际规则的接受者，而逐步变成了一个积极务实的行动者，通过对国际经济秩序提出改革意见，让国际社会更好地接受中国经济的存在。这也是未来中国经济的新常态。

总之，金融危机爆发以后，中国与世界都进入了一个新常态，这个新常态本身就是一个动态的、不断塑造新的中国与世界大格局的过程。认真分析、抓住机遇，是中国经济的所有参与者需要学习的必修课。

未来十年中国经济大趋势

管清友
民生证券研究院副院长、首席宏观研究员

一、经济增速的新常态：内外红利衰退，从高速增长向中高速增长换挡

我国经济不可能也不必要保持超高速。这是习近平2013年4月8日在同参加博鳌亚洲论坛2013年年会的中外企业家代表座谈时表达的观点。说不可能，主要是一味维持超高速带来的资源、能源、环境压力太大，事实上是不可持续的；说不必要，主要是我们在提出中长期发展目标时就充分进行了测算，实现我们确定的到2020年国内生产总值和城乡居民人均收入比2010年翻一番的目标，只要年均7%的增速就够了。因此不必要追求超高的经济增速。

——中共中央文献研究室
《十八大以来习近平同志关于经济工作的重要论述》

过去十年的高速增长主要来自两大红利的驱动。从供给端看，内部的人口红利带来了丰富的廉价劳动力，推升了储蓄率和潜在经济增速。从需求端看，外部的全球化红利带来了外需的爆炸式增长和外资的大规模涌入，奠定了外向型增长模式的基础。但目前来看，内外两大红利正在加速衰退，甚至变为拖累，这势必导致中国经济从高速增长向中高速增长换挡。从国际经验来看，高增长之后的"换挡"也是必然趋势。根据世界银行增长与发展委员会的统计，第二次世界大战后连续25年以上保持7%以上高增长的经济体只有13个，排除博茨瓦纳、马耳他、阿曼这样的小国，剩余10个经济体基本都是从第3个10年开始减速，第4个10年能保持7%以上增速的只有中国台湾，其余经济体基本都掉到了4%以下，而中国目前已进入高增长的第4个10年。

1. 供给端的新常态： 人口红利衰退，储蓄率出现拐点，潜在增速下滑，劳动力比较优势丧失。

在过去近40年的时间里，中国人口抚养比从78.5%一路下滑至37.8%，劳动力人口即15~64岁人口占比从57%升至74.5%，在此带动下，国民总储蓄率从30%左右大幅攀升至2008年的53.4%。但从2011年开始，中国的人口结构已经迎来拐点，劳动力人口比例开始下降，老龄人口占比加速上升。未来十年，计划生育对人口结构的冲击将加速显现，老龄化趋势将愈发明显，劳动力人口占比将降至70%以下。

人口结构的恶化起码会从三个方面拉低潜在增速。首先是拉低储蓄率，而不论是从传统的经济增长理论还是从现实的国际经验来看，储蓄率与经济增速都具有显著的正相关关系。其次会继续抬高国内的劳动力成本，使中国逐步丧失在劳动力成本上的比较优势，未来的世界工厂将向东南亚、金砖四国其他三国、拉美、非洲国家转移。最后，从国际经验看，人口拐点往往意味着房价拐点。美国劳动力人口占比2006年见顶，2007年房价开始转向；日本劳动力人口占比1992年见顶，1991年房地产泡沫就已经开始破裂。虽然中国51.8%的城镇化率仍远低于美、日房价泡沫破裂时的水平，未来城镇化进程带来的刚需能对房价构成一定的支撑，但奢望房地产市场延续过去十年的辉煌已不现实。

当然，这种人口结构的冲击是个缓慢过程，并不会引发潜在增速的断崖式下行。首先，人口年龄结构变化的同时，人口的素质结构也在变化，劳动力人口的绝对和相对数量虽然都在减少，但随着义务教育和高等教育普及的后续效应的加速显现，劳动力人口的素质将明显提高，对冲劳动力数量的下滑。其次，政府的人口政策将加快调整步伐，目前单独两孩已经放开，根据卫计委的预测，近几年每年出生人口将因此多增200万人左右，长期来看，这有助于延缓人口老龄化趋势。

2. 需求端的新常态：全球化红利衰退，全球经济从失衡到再平衡，外需和外资从涨潮到退潮。

对中国来说，21世纪最初几年是全球化的黄金时代，外需膨胀，外资涌入，双顺差成为中国经济奇迹的核心引擎。从贸易渠道看，伴随着发达国家一轮史无前例的加杠杆，其储蓄—投资负缺口不断扩大。再加上中国加入WTO和人口红利带来的出口竞争力迅速提升，中国迅速崛起，成为全球第一大出口国。从资本渠道看，发达国家的宽松货币政策，尤其是一轮又一轮的QE（量化宽松政策）浪潮，推动全球流动性迅速扩张，外资大量涌入以中国为代表的新兴市场。但金融危机之后，这种趋势已经逐步逆转。

首先，贸易再平衡正在加速。从需求角度看，2008年的银行业危机之后，私人部门去杠杆，2009年的主权债务危机之后，公共部门也开始去杠杆，去杠杆的直接后果是发达国家的储蓄—投资负缺口和经常账户逆差不断收窄。从制度角度看，内需不给力，各国开始加大力度抢外需，美欧搞TPP（跨太平洋伙伴关系协议）、TTIP（跨大西洋贸易与投资伙伴协议），实质是变相的保护主义。未来十年，WTO红利将逐步消散，取而代之的是所谓ABC WTO（Anyone But China，意为将中国排除在外的WTO）的巨大挑战。从技术角度看，中国的服务贸易逆差、投资收益逆差以及货物贸易中的能源逆差正在逐步吞噬一般货物贸易日渐萎缩的顺差，未来中国经常账户可能全面陷入逆差。

其次，资本退潮也已拉开序幕。2014年QE逐步退出，2015年美联储大概率加息，全球流动性拐点到来。伴随着欧美经济的"逆差纠正式"复苏，全球资本将加速回流中心国家。拉长周期看，2008年的美元指数很可能已经是个大底部，未来美元升值大周期将加速刺破新兴市场泡沫，中国虽然有资本管制和外汇储备的防火墙，但未来从"资产本币化、负债美元化"向"资产美元化、负债本币化"的转变足以终结外资的单边流入和人民币的单边升值。

二、结构调整的新常态：从结构失衡到优化再平衡

加快推进经济结构战略性调整是大势所趋，刻不容缓。国际竞争历来就是时间和速度的竞争，谁动作快，谁就能抢占先机，掌握制高点和主动权；谁动作慢，谁就会丢失机会，被别人甩在后边。

——习近平

过去十年是结构失衡（imbalance）的十年。从产业结构上看，以加工制造业为主的工业产能严重过剩，而服务业产能却严重不足，看病难、上学难、融资难问题成为困扰国民福利改善的镣铐。从需求结构上看，政府以GDP为纲的考核机制引发了各地方政府的招商引资锦标赛，投资和出口超常增长，而消费占比不断下滑。从地区结构上看，东部沿海地区快速崛起，中西部地区发展滞后，大城市尤其是北、上、广、深等特大城市的城市病愈发严重，而中小城市及小城镇相对薄弱。未来十年，必须通过优化结构缓解失衡，当然，这个再平衡过程中的阵痛在所难免。

1. 产业结构的新常态：从工业大国向服务业强国转变。

中国在出口和投资拉动的增长模式下迅速崛起为工业大国，自1990年以来，工业在GDP中的比重一直维持在40%以上。但金融危机之后，先是需求大幅萎缩，后是"四万亿"造成严重的产能过剩，中国的工业占比开始加速下滑，服务业占比半被动、半主动地提升。到2013年，GDP中的服务业占比已经超过了工业，服务业对经济增长的贡献率（48.2%）也超过工业（46.5%）。未来十年，中国将完成从工业大国向服务业大国的蜕变。

从主观上看，问题倒逼之下，中央将加大力度进行产业结构调整。工业部门的产能过剩与服务业部门的供给不足并存是最核心的矛盾，为此，中央一方面将"以伤筋动骨的决心和代价坚定化解产能过剩。对产能过剩，决不能不作为、把问题往后拖"。另一方面，为了解决"看病难""上学难""融资难"的顽疾，中央必将加速开放以民营医院、民营银行为代表的服务业部门，扩大供给。

从客观上看，伴随着收入和资本存量的增长，中国正在从投资和出口主导型经济向消费主导型经济过渡。从历史经验看，这必将明显提升对服务业的需求，尤其是商贸物流、互联网金融等生产性服务业。

2. 质量结构的新常态： 从"吹泡沫"到"挤水分"，实现有效益、有质量的增长。

习总书记曾说过："增长速度再快一点，非不能也，而不为也。"为什么不为？习总书记也给出了答案："增长必须是实实在在和没有水分的增长，是有效益、有质量、可持续的增长。"这意味着必须刺破过去GDP导向下盲目吹起的泡沫，挤出经济增长的水分。自十八大以来，这种挤水分的动作一刻也没有停止。

一是投资挤水分。在去产能的过程中，新政府通过收缩非标融资、信贷窗口指导等方式断了产能过剩领域的水源，实际上相当于挤出投资中的水分，使稀缺的资源更多地投向有利于转型升级和服务民生的领域。

二是消费挤水分。2013年以来，"八项规定"掀起的反腐浪潮狠狠打击了"三公"消费，铺张浪费、无益于人民福祉的消费水分被挤出，紧接着的"扫黄"则有效挤出了非法消费的水分。未来十年，八项规定、反腐不会只是一阵风，新一届领导层的决心毋庸置疑。

三是出口挤水分。从2013年5月的外管局20号文开始，中央严打隐藏在经常账户下的套利资本流入，虚假贸易的水分被大幅挤出。在这个过程中，中央同样顶住了出口大幅放缓甚至负增长的压力，展现出非凡的决心。

3. 区域结构的新常态：从各自为战到协同发展，打造一弓双箭格局。

改革开放以来，每届领导层都会在区域发展中寻求突破。邓小平时代设立沿海经济特区，江泽民时代推动浦东新区和西部大开发，胡锦涛时代重点建设滨海新区。但在经济增长的黄金时期，区域经济实际上未成为发展重点。当前国内外形势发生深刻变化，新一届领导再一次把区域发展提升为国家战略。核心思路是打破过去的"一亩三分地"思维，顶层设计、协同发展，正如习总书记所说的"区域一体化乃大势所趋"。在区域一体化的基础上，从点到面，逐步实现"一弓双箭"的战略布局。

"一弓"指贯穿我国东部一线的东北老工业振兴基地、京津冀经济圈和21世纪海上丝绸之路，这片"弓"形区域基本涵盖了我国经济最发达的地区；"双箭"指横贯我国东、西部地区的丝绸之路经济带和长江经济带，两支箭连接了我国广袤且资源丰富的中、西部地区。"一弓双箭"基本涵盖了我国所有的省市区，向东连接东北亚、东南亚、澳洲，向西连接中亚、中东、欧洲，不仅是国内经济发展的重要引擎，也是对外开放的重要窗口，在政治、经济、外交战略上均具有重要意义。

"一弓双箭"在战略上各有侧重。京津冀经济圈的政治战略比较明显，首先要解决的是首都的安全和环境问题；丝绸之路经济带和海上丝绸之路的外交战略更为突出，目的是解决中国的外交战略突破问题；而长江经济带和东北老工业振兴基地则更侧重经济效益，希望能够成为托底中国经济、推动稳定增长的快速抓手。新一届领导的区域战略明显不同于以往的各自为战、粗放发展，而是强调"全国一盘棋"，着力优化结构、协同发展。

4. 金融结构的新常态：打破金融垄断，让利实体经济。

金融混业趋势逐步形成。第一，简政放权，牌照放开，业务交叉。银行业垄断的局面即将打破，首家民营银行或将落户上海自贸区。证券业牌照管制逐步放开，民营资本等各类符合条件的市场主体均可出资设立证券经营机构，券商、基金等可以交叉持牌，金融机构业务交叉、互相渗透。第二，融资方式变化倒逼金融机构分化。根据《金融业发展和改革"十二五"规划》，股票和债券融资占社会融资规模的比重将显著提高，这将导致银行、信托等金融机构高速增长的时代结束，证券、私募等行业进入快速发展期。根据证券业2014—2020年发展规划，总资产规模按照年均20%~30%增长，2020年或将超过10万亿。

金融机构推动实体经济转型升级的作用更加重要。首先，金融行业享受政策红利，盈利高企。2013年金融类上市公司的利润占全部A股上市公司的比重超过55%，但上市企业数量占比不足2%。金融机构的快速发展并没有解决，反而加重了实体企业融资门槛高、成本高、负债高等问题。未来金融机构的角色必须有所调整，加快利率市场化、机构改革、业务创新，为实体经济让利。其次，资本市场是国企改革的重要战场，国有企业通过资本市场可以跨区域、跨行业引入民资发展混合所有制，并购重组来进行产业或技术的整合，股权激励员工持股来完善治理结构，市值管理来优化股东价值，推动传统产业的转型升级，满足新兴产业的投融资需求。

资本市场结构深度分化，体现在主板和创业板市场分化、传统产业和新兴产业板块分化、估值分化、交易分化。宏观经济处于合理区间，波动趋缓，以传统产业为主的主板市场难有明显的投资机会，低估值，业绩下滑，交易清淡，蓝筹股逐步失去弹性。以新模式、新业态、新产业为代表的创业板，以及具有成长潜力的新三板公司，有望成为经济转型升级的领军者，部分企业市场关注度高，估值长期处于高位，交易活跃。未来，伴随着创业板首发、再融资以及新三板转板制度的陆续推出，资本市场各层次的功能将更加明晰化，创业板、新三板、场外市场等服务于中小创新型企业的作用将更加强化，债券市场的融资功能凸显，期货、大宗商品、衍生品等市场的金融创新将加快。

三、宏观政策的新常态：前期政策消化期，从西医疗法到中医疗法

如果我们继续以往的发展方式，我们会有更高的增长率。但是，在宏观经济政策选择上，我们坚定不移推进经济结构调整，推进经济转型升级，宁可主动将增长速度降下来一些，也要从根本上解决经济长远发展问题。

——习近平

过去十年，中国经济的潜在增速处于上行通道，经济下行基本是周期性波动，决策者更倾向于从需求端入手，通过"大投资""宽货币"实现总量宽松、粗放刺激，弥合产出缺口。这种思路类似于西医疗法，一生病就要吃止疼药、打抗生素，对疼痛的容忍度低。从积极的一面讲，西医对症下药、药劲猛，在治理危机时见效速度快。但是，从消极的一面讲，这种疗法治标不治本，而且是药三分毒，长期使用西医政策，必然会产生不利的副作用，甚至造成严重的后遗症。从历史上看，凯恩斯主张的干预政策虽然带领各国迅速摆脱了战后萧条，但间接导致了滞胀困境；里根和撒切尔的新自由主义虽然成功克服了滞胀，但为之后的全球金融危机埋下了种子。同样道理，中国的"四万亿"虽然保住了经济增速，但导致了今天严重的产能过剩和债务

风险。

未来十年，政府将采取一种全新的中医疗法。面对病痛，不再是简单的头疼医头脚疼医脚，而是休养生息，增强身体的免疫机能，凭借自身力量克服病痛，消除病根。也就是说，面对经济下行的压力，政府不再寄望于通过"放水""刺激"等需求管理手段抬高经济增速，而是如习近平总书记所说，"保持战略上的平常心态"，着力通过促改革和调结构消化前期政策，发掘经济的长期增长潜力。

1. 财政政策的新常态：从挖坑放水到开渠引水，从建设型财政到服务型财政。

十八届三中全会明确提出加快转变政府职能，其中的重要内容就是转变财政职能。过去是建设型财政，政府在投融资过程中发挥主导作用，财政资金大量投向"铁公基"等基础设施建设，但这种模式已经遭遇瓶颈。根据财政部的测算，从现在到2020年，城镇化带来的投资需求约为42万亿元，仅靠财政存在巨大缺口，而且可能加剧效率低下、权力寻租、政府债务等风险。因此，未来随着政府加快简政放权、转变职能，财政也必须从"挖坑放水"式的建设型财政向"开渠引水"式的服务型财政过渡。

"开渠"旨在解决财政资金来源问题，未来迫于经济转型升级的需要，政府将不断通过结构性减税支持重点领域和产业的发展，比如扩大中小企业所得税减免，扩大出口退税范围，继续推进营改增，等等。税收开源空间有限，完善政府的举债融资机制势在必行，总体的思路是"开正门，堵歪门"。"开正门"，适度扩大地方政府举债权限，引导地方政府以市场化原则在资本市场发行地方债；"堵歪门"，加强对银行同业业务和影子银行的监管。一方面，这有助于解决融资平台政企不分、预算软约束造成的实体融资成本高企和期限错配风险，缓解对私人部门金融资源的挤出效应以及对金融市场的扭曲作用；另一方面，地方债务融资规范化、成本降低，有助于弥补新型城镇化的巨大融资缺口。未来，将会逐步剥离融资平台的政府融资功能，修改《预算法》，披露地方政府真实的资产负债表和财政收支表，完善地方政府融资机制。

"引水"有两层含义。一是搭建平台和渠道，引入更多的社会资本参与公共建设和服务。基础设施建设方面，政府主导的大规模刺激不会再现。十八届三中全会明确提出"允许社会资本通过特许经营等方式参与城市基础设施投资和运营"，事实上就是国际上流行的PPP（公私合营）。2014年4月，国务院常务会议宣布向社会资本推出首批80个基础设施建设项目，PPP模式已经进入实质推广阶段。未来政府将从示范项目入手，继续扩大地方试点，地区性的PPP中心也将陆续跟进。公共服务方面，政府亲力亲为的格局也将逐步改变。未来公共服务将更多地由社会主体提供，政府负责出资向社会力量购买服务。2013年9月发布的《国务院办公厅关于政府向社会力量购买服务的指导意见》可以看作纲领性文件，明确了到2020年在全国基本建立比较完善的政府向社会力量购买服务制度的目标。

二是引导财政资金和社会资本的投资重点从经济建设向服务民生转移。近年来，我国财政支出中与民生关系最为密切的社保、医疗、教育占比持续提升。2014年，中央财政支出预算中上述三项支出占比已从2010年的15.3%大幅攀升至19.1%，但从国际经验来看，未来仍有很大的提升空间。欧盟的医疗卫生、教育、社保在政府支出中的合计占比为47.8%，美国联邦财政支出中社保、医疗保险、医疗补助的合计占比为48.0%。

2. 货币政策的新常态：从宽松货币到稳健货币，从总量宽松到结构优化。

在经济增速换挡的新常态下，货币政策的分析框架和调控思路也在发生适应性的改变。过去总量宽松的货币政策已经不再适用，中国当前需要的是稳健的货币政策框架。所谓稳健，即"保持政策的连续性、稳定性，既不放松也不收紧银根"。货币政策不能大幅宽松，因为中国经济减速属于结构性的潜在增速下移，并非周期性产出缺口，盲目松银根容易引发滞胀；货币政策也不宜过度收紧，因为在经济结构调整的过程中，传统行业存在下行压力，但新的经济增长点尚未大规模形成，货币政策必须维持适度，避免经济出现"硬着陆"。

2012年第三季度以来，央行基本放弃了直接的总准备金率和存款利率调控，取而代之的是精细化的正、逆回购操作。央行通过频繁公开市场操作，对货币政策进行预调微调，发挥货币政策的逆周期调节作用，熨平周期性的产出缺口。实际上，自2013年年初推出常备借贷便利（SLF）和短期流动性调节工具（SLO）以来，货币政策通过不同期限的搭配使用，通过正、逆回购和SLF、SLO等多种公开市场操作工具调控流动性的手段已是愈发精细和娴熟。

政策工具的变化最终是为经济结构调整和转型升级的政策目标服务的。过去，在总量宽松的政策下，资金大概率流向房地产、地方融资平台和产能过剩行业等资金黑洞。现在，在盘活存量、用好增量的原则下，央行已经通过信贷管控、同业和非标监管彻底堵死了上述通道。因非标规模萎缩，金融机构沉淀在银行间的流动性通过正回购主动上缴至央行。央行可以利用这个"钱袋子"，通过定向宽松支持再贷款，促进信贷结构优化，鼓励和引导金融机构更多地将信贷资源配置到"三农"、小微企业、现代服务业等重点领域和薄弱环节，实现"总量稳定、结构优化"的目标。

总而言之，货币政策的新常态是：政策基调从过去的宽松货币转向稳健货币，政策工具从过去的总准备金率和利率调控转变为精耕细作的公开市场操作，由此在保持"总量稳定"的基础上引导资金流向，实现"定向宽松、结构优化"，更好地为实体经济的转型升级服务。

3. 供给管理的新常态：从浅水区改革到深水区改革。

如前所述，中国目前的经济减速不是简单的周期性现象，自然不能单纯依靠逆周期的需求管理，更重要的是打破供给端的瓶颈，寻找新的增长动力。增长动力从哪里来？习总书记上任之初就给出了明确的答复："只能从改革中来。"2012年12月7日，距离十八届中央政治局常委亮相不到21天，习近平第一次离京调研选择了"重走小平路"，宣示对攻坚深水区改革的信心。一年之后，中央全面深化改革领导小组成立，习近平亲自出任组长。

改革的核心是从制度层面打破未来十年经济增长的供给瓶颈，对冲潜在增速的下行压力。第一，改革基本经济制度，提高全要素生产率，包括国资国企改革（理顺国企与出资人以及国企内部的关系，提高国企运行效率）、财税体制改革（理顺中央和地方政府的关系，降低企业税收负担）、行政管理体制改革（简政放权、强化市场）和涉外经济体制改革（从贸易开放到投资开放，从制造业开放到服务业开放，探索负面清单管理）四大关键领域。第二，改革人口和户籍制度，改善劳动力供给，包括放开"单独两孩"、逐级放宽户籍限制等。第三，改革金融体系，改善资本供给，包括理顺价格（利率和汇率市场化）、健全市场（多层次资本市场建设，新"国九条"）和深化开放（推进资本账户开放和人民币国际化）等。第四，改革土地制度和城乡管理体制，改善土地供给，重点是建立城乡统一的建设用地市场，推进要素平等交换和公共资源均衡配置。

研究新常态要搞清楚三件事

马 骏

中国人民银行研究局首席经济学家，曾就职于世界银行和国际货币基金组织，任经济学家和高级经济学家

对新常态问题的研究，我认为要搞清楚三件事：一是搞清楚经济增长潜力，科学判断经济增长潜力是避免过度刺激的基础；二是搞清楚我们要保的到底是GDP增长，还是就业增长，还是合理的失业率；三是在有了正确的调控目标之后，如果确实需要一定程度的刺激，那么应如何避免刺激带来太大的后遗症，包括杠杆率上升过快、经济结构重型化、国进民退、产能过剩等。

搞清楚经济增长潜力

大家都认同，目前经济的增长潜力肯定比2007年之前低了。2007年之前可能在10%左右，现在的潜力到底是

多少？8%，7%，还是6%？这些数字之间一个百分点的差别，对宏观政策来说，有很大的不同。

如果是8%，而目前实际运行在7.5%，就是低于潜力，一般来说，宏观政策的微调方向就应该略微松动；如果增长潜力是7%或者6%，那么7.5%的增长就说明经济过热，一般来说，宏观政策就没有必要松动，而应该反向操作。

从经济学角度看，对短期经济增长潜力的判断至少有如下几个方法。

首先，判断经济在目前的运行情况下是处于偏通缩还是偏通胀的状态。如果经济呈现出通缩的征兆，则表明投入品的利用率处于低位，经济增长潜力没有被发挥出来，如果在需求方加一点刺激，则短期增长速度可以得到提升，通胀不至于太高。相反，如果通胀压力较大且继续上升，则表明实际增长速度超过潜力。当然，在实际运用这个判断方法时会遇到许多技术问题，比如用哪个通胀指标，同比还是环比，是否要考虑资产价格，是考虑当期还是未来的通胀等。这就需要进行仔细的研究，尤其是要做定量的研究。

其次，考察企业的产能利用率。如果利用率明显低于正常水平，则表明经济增长低于潜力，否则即高于潜力。可惜的是，我们目前没有公开的、有较大覆盖面的企业产能利用率数据，当然，对什么是"正常"利用率也会有争议。

最后，判断目前的就业情况。如果失业率高于"均衡失业率"并继续上行，则说明劳动力供给过剩且趋于严重，经济增长就很可能低于潜力，反之则很可能高于潜力。

要判断经济增长潜力，应该研究并争取量化一系列长期结构性变化因素的影响。

一是劳动年龄人口的下降。模型预计，至2030年，我国的劳动年龄人口会在2013年的基础上下降10%左右。

二是治理环境的成本。这里我们限于讨论治理空气污染的成本。从我们的研究来看，空气污染主要来自燃煤和汽车燃油，而治理空气污染基本上就是采用清洁能源（或将能源清洁化）的过程。而污染性能源向清洁能源的转变（比如从煤炭转向天然气）意味着能源成本的上升，目前，清洁能源比常规煤炭的成本高约30%。

三是消费者偏好从商品（制造业产品）转向服务。理论和实证研究都表明，当收入达到一定水平之后，消费者对商品消费的需求弹性就会下降，对服务消费的需求弹性则会上升，这种需求结构的变化会引导产业结构从制造业向服务业转型。但是，制造业通常比服务业有更高的生产率增速，因此，向服务业转型一般伴随着经济增长的减速。

四是经济领域的一系列改革将提高民企和混合制企业占经济的比重。由于民企和混合制企业较国有企业有着更高的全要素生产率，提高前者占比将提高经济增长潜力。

搞清楚宏观调控的目标

搞清楚了GDP的增长潜力，就可以确定宏观调控的基调到底是要松一些还是紧一些。过去一个普遍被接受的观点是：保增长就是保就业，保就业就是稳定劳动力市场（失业率）。这个判断的前提是：经济增长与就业率之间存在稳定的正相关关系。在劳动年龄人口和劳动参与率的趋势、经济结构变化、经济周期都比较正常的情况下，这个关系一般是存在和稳定的。

但是，数据表明，上述三个变量（GDP增长、就业增长、就业率的变化）之间的关系不是简单的线性关系，在某些情况下，就业与就业率之间甚至不是正相关的。

第一，经济增长提高一个百分点能够带来的就业增长幅度在下降。

第二，同样的资金，投在基建、地产和重化工业所产生的GDP能够创造的就业远远小于用来支持中小企业和服务业所能创造的就业，这是因为基建、地产、重化工业是资本密集型的产业，而中小企业和服务业多为劳动密集型的产业。

第三，如果劳动力供给开始下降（比如劳动年龄人口或/和劳动力参与率下降），则保持一定的失业率所需要创造的新的就业就会越来越少。也就是说，就业增长和失业率之间的关系也会弱化，甚至在一个阶段内可能逆转。

与2013年下半年相比，2014年前几个月的经济增长在减速，但人社部公布的"求人倍率"（表明劳动力市场的劳力紧缺程度的指标）显示出劳动力市场更加供不应求，这意味着失业率在下降，李克强总理最近披露的城镇调查失业率的几个月度数值也证实了这个趋势。这说明，在劳动力供给趋势出现结构性变化的特殊阶段，经济增长的趋势与就业率的趋势可以是背道而驰的。

由于上述三个变量的相关性的弱化，政府以哪个指标为依据来确定其宏观调控的目标就显得十分重要，选择不同的指标，会导致不同的"最优"宏观调控取向、力度和方式。如果政府的宏观调控目标是保GDP，那么最有效的手段（即同样的财政刺激资金带来的GDP增长）是投资于"铁公基"，因为其投资的乘数效应远大于1。相比来说，刺激消费的乘数效应一般小于1。

但是，大量投资于"铁公基"会加大杠杆率和潜伏在未来的金融风险。如果政府的调控目标是就业水平，那么应该用同样的钱更多地去支持消费、中小企业、服务业，虽然这对GDP增长的提升不太明显，但能创造更多的就业。

如果政府的调控目标是将失业率稳定在合理水平，那就不光要看刺激政策能提供多少新的就业，还要看劳动力供给的变化，如果劳动力供给增长减速，那么为了维持失业率所需要创造的就业就会更少一些。

从中长期来看，我们的调控目标应该从保GDP增长逐步过渡到保证稳定的劳动力市场（即均衡失业率），这反映了"以人为本"的政府对民生的关注将逐步超越对GDP的关注的必然趋势。这种目标转型的经济基础是随着人均收入水平的提高，进一步提高物质生活水平对老百姓的边际效用会下降，民众会更多地追求社会和谐，而适度的失业率是"和谐"中最重要的内容之一。

中国的宏观调控目标逐步从GDP向失业率转型所要解决的一个技术问题是：需要有高频的就业和失业率数据以及可信的实证研究的结果，来说明经济增长与就业增长、就业增长和失业率之间的关系。

更进一步，还应该仔细研究影响这些关系的其他因素，包括投资结构的变化、劳动年龄人口的变化、农村向城镇的劳动人口迁移、劳动参与率的变化、劳动力质量的变化等。只有做好这些基础性的工作，才能比较准确地判断经济政策的变化到底能在多大程度上影响失业率，以帮助我们宏观调控"精准化"。

避免刺激的后遗症

假设宏观调控有了比较精准的目标，并确信经济真的需要一定程度的刺激，就要想办法避免刺激带来太大的后遗症。过去的教训是，在经济刺激的过程中，国企和地方政府平台获得了最多的资金，刺激之后则带来如下后遗症：杠杆率上升过快，带来金融风险；经济结构重型化和国企化；产能过剩严重，相对于民企、服务业来说，国企和重化工业企业多为重资产型，大量过剩产能形成后，调整十分困难。

导致上述旧的调控模式及其后遗症的原因很复杂，不仅涉及对宏观形势和前文所述的对增长潜力和调控目标的"精准化"判断问题，还与"旧常态"下许多体制因素有关。比如，干部考核的激励机制。如果地方干部的考核机制是以投资和GDP增速论英雄，则在经济下行时就会出现一片叫苦之声，宏观决策所面临的所谓"下行风险"的压力就可能被人为放大，从而导致过度刺激。又如，地方政府和一些国企的软预算约束，导致平台与国企"加杠杆"的"高效"，能够在短期内快速提升投资和经济活动量，这在相当程度上"符合"过去追求刺激政策要快速见效的宏观需要。

再如，"不允许局部风险发生"的行政激励机制，导致强烈的隐性担保预期。在经济下行的过程中，由于平台和国企有"隐性担保"，银行和债务市场出于避险考虑，也更愿意为其提供资金，而对中小微企业则"退避三舍"，从而加剧"国进民退"的问题。

同时，国企和平台的融资渠道多而宽，而中小企业的融资渠道不畅。相对于中小微企业，大企业的融资渠道更为畅通。占我国银行体系资产近80%的大中银行以及债券、股票市场主要服务于大企业，包括国企和融资平台。但是，由于准入管制过严，服务小企业的民营中小金融机构发展受限，加剧了中小企业融资难和融资成本居高不下的问题。

最后，财政的逆周期调控作用有限，经济下行时不得不"金融救市"，加大了杠杆率上升的压力。历史上，财政政策的扩张性多用财政赤字占GDP的比重来衡量。从表面上看，在经济下行阶段（比如1998年和2009年），这个比重明显上升，财政政策似乎起到了明显的逆周期调控作用。但是，用国际通行的剔除周期性因素之后的"财政脉搏"指标来衡量，可以发现我国财政政策的实际逆周期调控能力明显低于赤字/GDP指标所显示的效果，有些时候还呈现顺周期的作用。由于在经济下行期间，财政政策没有发挥足够的逆周期作用，逆周期调控的压力就容易转化为"金融救市"的压力，而过度使用货币信贷扩张，则必然导致杠杆率大幅上升等长期后遗症。

从上面的分析可以看出，要解决这些导致"旧常态"下的调控模式的弊端，必须推动一系列深层次的改革。

这些改革至少包括：改革干部的考核体制，引入以民生指标为主的考核指标，实质性地扭转以GDP论英雄的激励机制；建立一系列硬化地方政府和国有企业预算约束的新机制，比如用法规形式建立地方债务的上限，公布全口径的地方政府资产负债表，建立滚动预算和债务可持续性预测，利用市政债发行来提高地方财政透明，推动国企的混合所有制改革，允许一些平台和国企破产和违约等；放宽服务对中小金融机构的准入管制；建立和参考"财政脉搏"指标来减少财政顺周期调控的倾向；等等。

第二篇

改革建言

经济改革新征程

吴敬琏
著名经济学家、国务院发展研究中心研究员

经济改革的目标是让市场在经济活动中起决定作用，建立统一、开放、竞争、有序的市场体系。凭借体制上的缺陷，以寻租、权力获得利益者，肯定会变成进一步改革的障碍。

在新的历史起点全面深化改革，先要回顾一下在何种历史平台上开展新一轮改革。1984年是改革的一个起点，党的十二届三中全会通过了建立社会主义商品经济的决议，开始全面改革，其中经过20世纪80年代后期的曲折，到1992年党的十四大提出建立社会主义市场经济。1994年又是一个新的起点，这一轮改革到20世纪末期初步建立了社会主义市场经济体制，构筑了一个新的、更高的历史平台，迎来了中国经济的崛起和高速增长。

但是，这一体制仍然保留着许多旧体制的因素。旧体制通常称之为计划经济、统制经济，实际只是半市场经济。半统制经济主要表现为两方面，国有经济在经济中占主体地位，政府对经济活动有多方面的干预，抑制了市场在资源配置中的作用。

主流观点认为，经济体制不完善，需要进行经济改革。2003年，党的十六届三中全会提出完善社会主义市场经济的决议，明确指出经济发展中还存在体制性障碍，要进一步推进改革，消除障碍。但是，一些问题一直没有解决，所以党的十八大、十八届三中全会研究了这些情况，决定全面深化改革。在这个历史背景下，全面深化改革的任务是从半市场、半统制的经济向以法制为基础的现代市场经济转型。

全面深化改革元年

半市场、半统制的经济是过渡性经济，特点是既有过去的经济制度因素，又有未来的经济制度因素，存在是此长彼消还是此消彼长的问题。其存在有两种可能的前途，一种前途是旧体制的统制经济逐渐消除，政府不应该起作用，主要是从微观经济领域退出，去提供公共服务，让经济体制逐渐完善起来，越来越接近以法制为基础，或者说以法制支撑的现代市场经济制度。

另一种前途是新的因素没有得到发扬，而旧体制遗产变得越来越强势，出现国家资本主义或者政府所主导的经济体制。这是很危险的道路，是一种很不好的可能前途。在中国的历史条件和中国的政治文化背景下，这种国家资本主义往往会变成权贵资本主义。

2003年，党的十六届三中全会决议要求消除生产发展、经济发展中的体制性障碍，使社会主义市场经济更加完善。若干年后来看，这个决议执行得不好。大多数人认为，当时人们陶醉于20世纪改革所取得的成就，认为没有必要改革，要改革就要舍弃一些旧的因素，会影响到一部分人的利益。虽然当时有了决定，但实际上没有很好地执行，出现了改革的停顿，甚至在有些领域出现了倒退，原来由市场作用的领域，被政府的作用代替。

这样一来，在经济制度中，旧的遗产不但没有消亡，反而强化了，原来体制中存在的两个问题越来越严重。一个问题是增长模式或者经济发展模式，即粗放的、主要依靠投资驱动的增长模式。在1995年制订的"九五"计划中，要求从粗放经济增长模式转变为靠效率提高、技术进步推动经济增长模式的转变。但是，由于存在体制性障碍，这个转变始终转不过来，而粗放经济增长模式造成的各种问题变得越来越严重。从微观经济来看，是资源匮乏越来越严重，环境破坏越来越严重。从宏观经济来看，是货币超发、流动性过剩、资产负债表负债率越来越高，蕴藏着出现经济危机、系统性危机的危险性。

另一个问题是腐败。20世纪80年代后期，由于存在双轨制，存在权力对经济活动的干预，一部分价格由行政控制，一部分价格由市场调节，有权力背景的人利用双轨制寻租，出现了"官倒"现象。

到了21世纪，政府掌握的资源越来越多，这种腐败的现象不仅没有消失，还越来越猖獗。21世纪以后城市化加速，这本是好事，但是在产权制度下，特别是土地产权制度下，政府又掌握了一个非常重要而且规模巨大的资源——土地。利用土地和土地抵押取得的资金大量掌握在政府手里，政府用该资金支持工业化和城市化发展。而因为政府有大量的资源，所以寻租的制度基础变得非常大，腐败问题也越来越严重。

党的十八大根据对形势的分析、人民大众的要求，包括学术界和广大知识分子的要求，提出要以更大的政治勇气和智慧全面深化改革。党的十八届三中全会根据十八大的方针，对如何进行全面改革做出战略部署，要求通过16个方面的336项改革，在2020年以前建立全会《决定》要求的体制，中国在2014年迎来全面深化改革元年。

核心是市场起决定作用

经济体制改革的核心问题是处理好政府和市场的关系，处理好是市场起决定作用还是政府起决定作用的问题。经济改革的目标是让市场在经济活动中起决定作用，其中有五个概念非常重要。

其一，统一。过去由于政府在资源配置中起主导作用，而政府依靠条条块块进行管理，把市场和经济之间的联系切断。21世纪初，很多经济活动在市场中进行，但市场不是统一的，是条块切割、碎片化的。经济学认为，市场规模越大，效率越高，而建立统一市场要消除条块分割。

其二，开放。过去市场不是对所有市场主体放开，而是分等级的，"国企在政策中，集体企业在附则里，民营经济虽然存在，但往往被看成异类"，要建立所有主体平等对待、平等获取生产要素、一体开放的市场。

其三，竞争，这是市场的灵魂。由于行政权力的干预和各种有行政背景的垄断的出现，市场缺乏足够的竞争性，和权力的关系不同，市场中不同主体的力量就不同，因此要建立竞争性的市场。

其四，有序。市场有各种权力的干预，是无序的，缺乏法制，而不是在统一的规则基础上进行相关活动，有序的市场就是体系建立在规则、法制的基础上。

其五，市场体系。从20世纪80年代开始，对市场的理解往往局限在商品市场，资本市场等不对所有主体开放，要围绕要求进行各项改革。

这五项要求切中中国当前经济体制时弊，要围绕上述要求推进改革，加快形成企业自主经营、公平竞争，消费者自由选择、自主消费，商品要素自由流动、平等交换的现代市场体系。

既得利益者阻碍改革

中国在新的起点上走向改革新征程，有很多艰难险阻要跨越，主要有三个方面。

第一，来自意识形态的障碍。中国曾长期实行计划经济，这是从苏联学来的一套经济体制，而反映着这套经济社会体制的意识形态影响了几代人。这套意识形态有延续性，也没有经过认真的清理，虽然后来出现了新的思想，但是新旧思想往往不那么和平共处，很容易在新征程中妨碍进一步改革。此外，意识形态方面的苏联模式影响在逐渐消退，但有很多利益上的障碍往往打着意识形态的旗帜。

第二，既得利益的阻力。改革开放30多年来，绝大多数人都得到了利益。有人认为多数人没有得到利益，只是极少数人得到利益，我不这么认为，可以和农民工谈谈过去是什么生活，现在是什么生活。有的人在新体制下靠努力——不管是勤于劳动还是善于经营——得到了利益，这种利益不会成为进一步改革的障碍。另外有一种人获得的利益，是因为体制上的缺陷，以寻租、权力获得，是特殊既得利益，这种靠权力发财致富的特殊既得利益肯定会变成进一步改革的障碍。

政府在资源配置中的权力正是这部分人致富的基础，他们是不愿意放弃的。21世纪以来，寻租活动的制度基础变得越来越广大，代表这种利益的人，势力也变得更为强大，进一步改革一定会碰到这种特殊既得利益的阻力。

第三，在旧体制和粗放发展方式下积累起来的矛盾和困难。

要在新征程中实现全面深化改革的任务，需要攻坚克难，以更大的政治勇气和智慧来全面深化改革，毫不动摇地捍卫改革的伟大旗帜，克服意识形态的障碍，克服既得利益的障碍。另外，解决这些问题，要有很高的专业素养，同时还要有巧妙的运作艺术。

积累矛盾待解决

多年的体制缺陷和粗放式增长，使得经济和社会积累了很多矛盾和困难，只有在经济发展的条件下继续推进改革，善于处理实际困难，才能使改革顺利进行。这些矛盾有哪些呢？

第一，粗放增长方式下大量耗费资源，造成资源严重短缺，很多重要的能源和原材料的进口依存度变得非常高。这种粗放的增长模式造成高耗能，也带来高污染，使环境不断恶化，最突出的表现是人类生存的基本条件——土地、空气、水受到了破坏。

第二，出现需求乏力、增速下降的现象。一方面货币流通总量过大，2001年货币流通总量才10多万亿元，现在110万亿元了；另一方面很多环节表现为需求不足，增速下降。

第三，产能过剩，企业经营困难。大量投资造成两方面问题：一方面是大量投资造成产能增加很快；另一方面是投资率太高、消费率太低，最终需求不足，现在主要产品几乎都出现产能过剩。

1958年大炼钢铁，年产量从535万吨增长到1070万吨，现在钢的生产能力是10亿吨。一家唐山钢厂的生产能力超过欧洲各国的总量，但是销不掉，钢厂普遍亏损，经营困难。钢铁剩余的产能大概为2亿吨。有人认为只要多投资，没有绝对的过剩，其实这种逻辑就是"面多了加水，水多了加面"，结果就是将造成大灾难。流动量膨胀得那么厉害，还继续膨胀，会造成系统性危机，这在中国历史上和其他国家历史上都发生了不止一次。靠投资驱动，一定会造成产能过剩，最好不要发生这种情况，但是发生了就要处理，应该通过市场和竞争的力量消除产能过剩，让政府起一些辅助的作用。

宏观经济中最突出的问题是国家资产负债表的负债率（杠杆率）太高了，主要是国有企业负债和地方政府负债。根据2013年的统计，国民资产负债表或者国家负债表的负债率超过GDP的200%。一般认为200%是一道警戒线，存在出现系统性风险的可能性。系统性风险就是市场突然崩溃，因为某些环节上的困难传导到比较大的领域，就会造成整个经济系统的崩溃。

全面投资刺激不可取

现在业内对经济发展有不同的意见。两种主要的意见是：一种认为应该采取救市的政策，即刺激经济增长；另一种认为不应该采取像2009年的强刺激政策——2009年的4万亿元投资和10万亿元贷款造成的负面影响到现在还没有消化掉。

2009年刺激政策造成的后果现在还有待消化，2009年以后也采取过几次全面的刺激政策，强度没有2009年大。2012年5月曾进行过经济刺激，2013年有很短的时间主要靠城建投资希望拉升经济增长速度，但是从2012年和2013年的刺激政策来看，效果越来越差。在经济学上，1956年讨论增长模式时，诺贝尔经济学奖获得者索洛提出，如果是靠投资来拉动增长的话，投资的回报一定是递减的。而根据美国20世纪前49年的数据，他发现美国没有出现这样的问题，美国不是靠投资来拉动增长的，所以没有出现递减。从中国2009年、2012年、2013年的刺激政策来看，投资刺激的效果确实是衰退的。

李克强总理在两会期间提出"稳增长"的目的是保就业，经济增长速度高低对大众的直接影响是就业。通常有这种看法：就业和增长之间是线性关系，经济增长一个百分点，就业就能增长多少个百分点，有一种固定的比例关系。实际上情况并不是这样，增长存在结构问题，在旧的增长模式下，投资主要在重化工业，这些行业的就业弹性很低。从各个产业来说，什么样的产业就业弹性高？服务业。

现在虽然经济增长速度下降了，但是就业情况并没有恶化。我认为只要能保就业，增长速度高一点或低一点关系并不大。

采取放松银根、增加投资的刺激政策弊大于利，其好处是能够促进GDP增长，坏处是妨碍经济发展模式转型，并使债务进一步积累。流通中的货币量已经是GDP的200%了，债务率不能再提高了，继续提高杠杆率的比例，将对中长期造成更大的风险。

有人认为现在货币政策总量已经过紧，其实是不对的。2013年广义货币增长13.1%，按照7.5%的GDP增长率，再加上两个百分点的通货膨胀率就是9.5%，和13.1%比，多出3.6%的货币超发。正确的方法是在保持国民经济不至于发生系统性危机的条件下着力推进改革，只有改革才能提高效率，才能够从根本上解决困难。

要防止发生系统性危机，应该做些什么？

第一，要防止风险积累，尽量释放现存风险。要停止没有回报的无效投资，有人说基础建设投资没有问题，东西已经存在，这种想法完全不符合经济学的思考方式，资源是稀缺的，应该尽量放在有效的、能够有回报的地方，避免做无效投资。

第二，对僵尸企业停止输血。现在有一部分企业实际上已经是"僵尸"了，而且无望起死回生，但还是用银行贷款和政府补贴来维持。

第三，动用国有资本偿还政府或有负债。或有负债是指政府有负债，但在负债表上看不见。比如社保基金就有缺口，有些单位认为中长期没有问题，有的单位认为有缺口且缺口不小，这就应该用政府资本还了，降低国家负债表的杠杆率。2011年，上海把上海家化卖了去补充社保基金。老工业城市养老基金往往会有很大的缺口。党的十八届三中全会决议明确规定要拨付一部分国有资本去充实社保基金，这对国家经济稳定大有好处，对职工社保体系的建立和国有企业的改革都有好处。

第四，对资不抵债的企业实施破产重组，以释放风险，化大震为小震。对负债率太高的企业，也要进行资产重整。把小的风险释放出来，不要让其积累起来，这才不至于引起整个系统的震荡。

第五，盘活"晒太阳"开发区等资产存量。征了地但是没有企业进来的开发区很多，个别省有上百个开发区，大部分都存在这种状况，需要盘活资产存量。

第六，辅之以灵活的宏观经济政策，就有可能避免系统性风险，比如信贷政策、货币政策。当某些地方出现资金链断裂或者可能引起系统性风险时，短期政策也是需要用的，但是我不认为全面的刺激政策是好政策。

改革方能求变

这种方针是不是有效？是不是对发展和改革更有利？从2014年第一季度的经济情况中可以得到一些印证。

2014年第一季度GDP增速为7.4%，2013年中国经济进入增速下降通道，但是2013年的就业情况相当好。2013年计划新增就业900万人，实际新增就业1310万人，完成计划的145%。2014年第一季度GDP的增速继续下降，就业的情况比2013年稍好。

这和经济增长结构变化有关，最显著的变化是第三产业加速发展。2005年、2006年国家在总结"十五"计划时，由于经济增长方式转变没有取得效果，提出"十一五"促进经济增长方式转变需要采取的措施。其中有四个主要的措施：第一是农村剩余劳动力向市民的转化；第二是制造业向微笑曲线两端延伸；第三是大力发展服务业，特别是伸展性服务业；第四是用信息化改造国民经济。其中有两条与服务业相关，向微笑曲线两端延伸是指制造业中的服务部分，要提高它的比重。

现在的制造业和过去的制造业较大的区别是服务化，产业链拉长了，前后两端变成最有活力、附加值最高、营利性最强的部分。前端是研发、设计，后端是渠道管理、售后服务，前后两端在传统意义上都是服务业。

国家制定"十一五"规划时提出转变经济增长方式、提高效率，很重要的一点是发展服务业。从2006年开始国家强调要发展服务业，但是七八年都没有发展起来，直到2011年开始有改变，2013年第一次第三产业占比超过第二产业。服务业吸纳就业的能力比制造业强得多，因为经济结构变化了，所以虽然GDP增速下降了，但是就业情况不但没有恶化，反而还有改善。

为什么这两年服务业发展发生了变化？因为改革。促成服务业加速发展的是两个小改革，一个改革是从2012年1月开始在上海推行的"营改增"，2013年全国大面积推广"营改增"。有人认为"营改增"其实没有减少多少税，有的行业还增加了税，需要进一步调整增值税税率，这是从静态来看的。经济学界非常支持"营改增"，是从动态来看的。营业税是对营业额全额征税，存在重复征税，从动态来看，其阻碍分工的深化。

亚当·斯密认为，经济发展效率提高的主要推动力是分工深化，这一点在服务业表现得最明显。比如，网购分化出快递、结算、广告、设计等。"营改增"促进了分工深化，把一家企业的一个环节变成了五个环节，而税并没有增加。

另一个改革是2012年从深圳开始推行的工商登记简化、便利化。本届政府简政放权的一个很重要的内容是工商登记的便利化，降低登记的门槛。2013年，很多地方新登记的工商企业数量增加了70%，主要是服务业的小企业。这只是改革的前奏曲，而小改革就能起这样的作用。

当前改革的推进，从党的十八届三中全会到现在已经一个多季度了，需要总结如何建立统一、开放、竞争、有序的市场体系，认定必要的因素，由政府和大众合力推进改革。政府认为现在困难是可控的，建议利用可控的时间尽量完善体制，从根本上消除使经济社会存在困难和矛盾的根源因素，这样，中国经济就可以走出一条路来。

中国经济改革的经验与反思

林毅夫

北京大学国家发展研究院名誉院长、
世界银行前副行长兼首席经济学家

中国改革开放33年，用西方理论认为是错误的道路，创造了人类经济史上不曾有过的奇迹。理论的适用性决定于条件，在西方适用的理论，不见得适用于我们。重要的不是说我们的理论能不能被接受，而是这个理论能不能帮助我们认识世界，帮助我们改造世界。我们必须将中国社会科学本土化，这样，中国的知识分子才能够真正为国家的现代化发展做贡献，才能够避免好心干错事。

我希望从中国经济改革经验的探讨中反思中国经济的发展。对于中国经济改革，大家生活在这个过程中，能够切身感受到它的成就。从1979年到2012年，连续33年的时间，我国年均经济增长达到9.8%，这样的高速发展态势在人类经济史上不曾有过。并且，这是发生在经济转型期，在一个底子薄、人口众多、制度不完善的状况下，这无疑是个奇迹。这样的成绩，事先谁都没有想到。

下面，我从中国改革开放33年所取得的成绩和出现的问题来进行一些反思。

新理论通常来自于对现象背后原因的分析，这个现象可以是新的现象，也可以是过去的现象，但过去的理论解释不了，于是提出一个新的理论进行解释。中国改革开放33年，用西方理论认为是错误的道路，创造了人类经济史上不曾有过的奇迹。为什么有这样的成绩？还出现了哪些问题？我想分析回答五个相关的问题，反思中国经济改革和经济学科的发展道路。

第一个问题，为什么改革开放以后，中国能够在这么长的时间里取得这么高速的增长？背后到底是什么在支撑？

第二个问题，为什么在1979年之前不能取得这样的成绩，即使是付出几代人的努力？追求中国的现代化，追求中华民族的伟大复兴并不是改革开放以后才开始的，从鸦片战争以后，我们就一直在苦苦追求国家现代化。

第三个问题，中国发展这么快是因为转型带来的好处，为什么其他转型国家并没有出现像中国这样有代表性的案例？

第四个问题，中国在转型过程中出现了反对渐进双轨制改革的事情，为什么会出现？怎么理解？

最后一个问题，理论帮助我们认识世界，也帮助我们改造世界，如何寻找未来发展的方向？怎样实现未来的发展？

中国经济改革为什么成功

从1979年开始的改革开放，我国并没有遵从华盛顿共识，即完全推行私有化、市场化和自由化，政府只担负平衡预算，维持社会经济稳定的道路。中国推行的是一种渐进式、双轨制的改革开放，对没有效率的大型国有企业不仅没有私有化，而且还继续给予保护。但对一些新的产业放开准入，按照市场的原则运行。

中国当时选择的道路，在改革开放初期被认为是一条不正确的道路。改革开放初期，国际学术界新自由主义盛行，认为一个发展中国家或者是社会主义国家经济发展不好是由于政府干预造成太多的扭曲，比如国有化、价格非市场化等。

当时经济学界有一个基本共识：计划经济不如市场经济。所以，计划经济国家或者是政府干预过多的国家，为了改革，必须像华盛顿共识所讲的，要建立市场经济运行的基本制度进行安排，并且是一次性到位。

中国推行双轨制改革当时被认为是最糟的方式，反对双轨制改革的观点认为，如果实行渐进的双轨制度安排，一定会造成寻租，造成收入分配不均和腐败。确实，中国在快速发展的过程中，那些反对双轨制改革的人所谈的问题都存在。

但关键是现在看来，那些推行休克疗法的国家，我们存在的问题它们也普遍存在，甚至更严重。但我们有的成绩，这些国家并没有，而中国的改革开放实现了33年的稳定和快速发展。那些推行休克疗法的国家，在经济上推行休克疗法以后，经济出现停滞，甚至崩溃。

针对中国这30多年的经济快速发展，国外一些经济学家认为道理很简单，因为中国有太多的农业人口、农村剩余劳动力，把农村剩余劳动力转移到附加价值比较高的产业部门，可以带动经济快速发展。关键的问题是，其他国家包括中亚或者非洲的很多国家，这些国家的绝大多数人口也是农业人口，也有很多剩余劳动力，它们在20世纪80年代、90年代开始改革转型，按照华盛顿共识那样全面推行市场化改革，但并没有取得像中国这样快速发展的成就。

所以，我们自己需要从理论上进行总结。理论的目的是什么？理论不是一个逻辑游戏，理论是帮助我们认识世界、帮助我们改造世界的，让我们清醒地认识所观察到的现象本质，它为什么有那么多问题以及怎样来解决这些问题。

中国经济增长的本质是劳动生产率水平不断提高

中国改革开放以后经济出现快速发展，我主张用亚当·斯密的方法来研究。亚当·斯密在《国富论》中已经用标题把方法论全部写上去了，他的标题是"对国民财富的本质和决定因素的研究"。想了解为什么中国改革开放以后经济能够快速发展，就应该知道这个快速增长的本质是什么，我认为是劳动生产率水平不断提高。劳动生产率水平为什么能不断地提高？它的机制是什么，决定因素又是什么呢？是技术的不断创新和产业的不断升级。技术创新让现有的产业的劳动生产率水平提高，产业升级让现有的劳动力资源配置到附加值比较高的新产业中，这是决定劳动生产率水平不断提高的一个必要的、根本的因素。

从这个角度来看，无论是发达国家还是发展中国家，如果经济要持续增长，必须技术不断创新，产业不断升级。但是，发达国家跟发展中国家有一个很大的差别是，发达国家从工业革命以后，他们一直属于全世界收入水平最高的一个群体，其劳动生产率水平在全世界最高，就代表他们的技术水平、产业水平处于全世界前列。因此，要技术创新就必须自己发明，产业升级也必须自己发明新的产业。总之，对发达国家来讲，创新就是发明。

众所周知，任何发明和发现都需要大量的资本，而且成功的概率非常小。发达国家从19世纪中叶到现在的年均收入增长率达到两个百分点，也就是说劳动生产率的平均提高水平大约是两个百分点。加上人口增长不到一个百分点，可以说，从19世纪中叶以来100多年的时间，发达国家的发展绩效相当稳定，平均起来每年以3%的速度增长。

而发展中国家，收入水平不断提高，同样需要劳动生产率水平不断提高。但是，发展中国家劳动生产率跟发达国家相比处于较低水平，这意味着发展中国家现在拥有的技术比发达国家低，产业附加值比发达国家的低。在这种情况下，发展中国家的创新有两种来源：一是自己发明新技术、新产业；二是用模仿的方式引进现有的技术和产业。只要引进的技术比现在的技术好，就是创新；只要引进的产业——即便是已经成熟的产业——的附加价值比现有的本国产业的附加价值高，就是产业升级。

那到底是自己发明技术、产业好，还是采取引进方式好？从经济角度分析，这是成本和效益的关系。一种方式是自己发明创造，不仅成本高，风险也很大；另外一种方式是引进技术，成本低廉，因为很多技术已经过了专利期限，可以不用付钱直接使用，而且这些产业和技术都已经被证明是成熟的、有效的、市场有需求的。发展中国家如果用后一种方式，其经济增长率应该比发达国家高。这个可能性在经济学上叫作后来者优势，或者叫作后发优势。

根据统计资料，从第二次世界大战到现在，有13个经济体懂得用这种后发优势来加速本国经济的增长，取得的平均每年经济增长率达到了7%甚至更高。后发优势所带来的经济增长率比发达国家高一倍甚至两倍，而且持续25年甚至更长时间。

中国是从1979年以后成为这13个经济体中的一个的。回答中国为什么能够取得经济高速发展的问题，道理很简单，就是充分利用了后发优势。

后发优势在 1979 年以后显现，主要是因为发展道路的选择

但是，我们这种后发优势早已存在一个世纪或者是更长时间，为什么一直到1979年以后，我们才开始从后发优势中获取经济快速增长的动力呢？

我想，主要原因和我们发展的道路有关。1949年之前，中国内忧外患，社会不稳定，经济发展也不稳定。1949年以后，社会主义新中国建立，1949年至1952年战后恢复，开始接触现代化建设。当时有稳定的环境，但是为什么1952年到1979年经济增长的绩效很差，人民的生活水平没得到明显改善呢？最主要的原因是当时确定的发展目标，1957年、1958年提出追求现代化建设的目标是"15年超英，20年赶美"。也就是说，在15年的时间里，我们的劳动生产率要超过英国，20年以后，我们的劳动生产率要赶上美国。劳动生产率要赶上英国和美国，就必须拥有当时英美所拥有的产业。当时英美拥有的产业是全世界最先进的产业，还有专利保护。况且，那些产业都是他们国家现代化的根基，有很多是跟他们的国防安全有关的资本密集的大型重工业，在那种条件下根本不会给你。要发展，就必须靠自己发明，但自己发明不仅成本很高，还放弃了后发优势。更重要的是，这些产业是资本密集型的，当时我国是一个一穷二白的农业社会，资金资本非常短缺。

因此，当时发达国家主导的占有优势的产业，并不符合我们国家的实情，不具备比较优势。资本密集的产业最重要的成本是资金的成本，鉴于我们资金短缺，资金成本价格高，整个成本要比发达国家高，在开放的市场中没有竞争力。企业没有自生能力，靠政府的保护和补贴才能生存下来。但是，保护和补贴带来的必然是政府对市场的干预和过度扭曲，有了干预和扭曲以后，会造成各种恶果，有比较优势的产业发展不起来，发展起来的没有比较优势，经济发展效率非常低，因此，这使得我们跟其他发达国家的差距越来越大。1979年改革开放

以后，我们开始发展那些劳动生产密集的符合我国比较优势的产业，带来的最终结果是，这些产业发展非常快，带来了充分利用后发优势，经济取得快速增长的33年时间。

没有陷入20世纪80年代、90年代"迷失的20年"

第二次世界大战以后，所有社会主义国家都在追求推行政府高度干预、高度扭曲的所谓计划经济模式，因此，经济绩效跟我国一样都非常差。不仅是社会主义国家，到第二次世界大战以后，基本上所有的发展中国家推行的战略都是在政府指导下，集中精力优先发展现代化的、大型的、资本密集型的先进产业，其结果是国家经济绩效很差，与发达国家的差距也越来越大。

因此，在1979年、1980年中国改革开放时，所有社会主义国家都在进行改革开放，包括拉丁美洲、南亚、非洲的发展中国家。但是，其他社会主义国家在进行改革开放的时候并没有像中国那样取得持续的、稳定的快速增长，实际上它们出现了经济的崩溃、停滞和危机不断。

有一位现在在纽约大学教书的发展经济学家，很仔细地比较了发展中国家在20世纪60年代、70年代的经济发展绩效，以及20世纪80年代、90年代推行改革开放这段时期的发展绩效。他发现，这些发展中国家的经济增长率在20世纪80年代、90年代普遍低于20世纪60年代、70年代，不仅经济增长率低，而且危机发生的频率更高。因此，他把20世纪80年代、90年代发展中国家的经济表现称为"迷失的20年"。

为什么同样是改革开放，同样是解决政府的干预扭曲造成的问题，中国是稳定快速地发展，其他国家则出现经济增长速度下滑，而且危机不断？其中的道理就是，大部分或者是所有的社会主义国家、绝大多数的发展中国家，都是遵从当时整个主流经济学界所讲的新自由主义华盛顿共识来转型。他们认为，社会主义国家跟发展中国家经济发展不好，是因为政府的干预太多，有太多扭曲、太多国有化，所以推行的就是华盛顿共识所讲的私有化、市场化、自由化。但是，社会主义国家和很多发展中国家存在很多政府干预下的扭曲，原因是为了保护在政府的主导下，为了国家的现代化建立起来的一大批资本很密集、技术很先进的产业，这些产业违反国家的比较优势，需要保护、补贴才能存活，如果把保护和扭曲的补贴取消，会马上破产，当时这些产业雇用了大量的劳动力，如果破产的话，大量人员马上面临失业，而且这些失业人员都集中在城市，那必然会造成社会不稳定、政治不稳定。没有稳定的社会、稳定的政治，经济发展是不可能的。

很多国家推行的华盛顿共识，将大型的产业私有化，国有变成了私营。我前面谈到，如果政府对此不保护、补贴，它必然破产。除了出于社会稳定的担心，在发展中国家，不管是政府官员还是社会精英都认为，那些大型的现代化产业是他们国家现代化的根基，不能亡。因此，私有化以后，继续进行保护、补贴，最终形成私有化过程中政府的补贴，私有时会比国有时更有积极性去要补贴，所拿的补贴也就更多。

像俄罗斯是世界上的军事强国，八大工业垄断集团技术很先进，其航空航天业完全可以跟美国竞争。但俄罗斯是14,000美元人均收入的国家，美国是50,000美元人均收入的国家，美国的资本比俄罗斯多很多。八大垄断集团所在产业不是俄罗斯的比较优势，各种经验研究证明今天这些集团所拿的补贴，远比苏联的时候多。

中国双轨制是用实事求是的方式解决问题

不被西方看好的中国双轨制，为什么带来了经济的稳定和快速增长呢？因为中国的双轨制是用实事求是的方式解决问题。当时的大型国有企业，如果不继续给予保护和补贴，无论是国有还是私有制都会垮掉，但在双轨制下，可以继续得到保留。既然私有化给的保护补贴会更多，更不好，那就继续保留国有，由此维持了我们在经济转型过程中的稳定。另外，在转型时，放开了我们具有比较优势的产业的准入，鼓励发展乡镇企业、民营企业、三资企业，保证了经济稳定和快速发展。

当然，这样的快速发展确实也产生了一些问题，比如当初反对双轨制改革的人提出的腐败现象、社会分配不公等问题会越来越严重。原因是既然双轨制保留了不少保护、补贴，那这个保护必然带来一些收入分配上的问题。比如，为了保护大型资本密集型的产业，就必须给它提供低价格的资金。在改革开放之前是财政拨款，根本不用还款。改革开放之后，拨款转为贷款，保留了大型银行以及能够给大型企业提供资金的股票市场，相关安排解决了资本密集型的大企业获得廉价资金供给的需要。

可这种方式给我们带来的是什么呢？它要保护、要补贴，谁补贴它？这些小农户、一般家庭，这些小型的、中型的、微型的制造业的企业，是他们把钱放在金融体系里面，金融体系用他们的钱来补贴大企业的发展和生存。这样的一个金融安排，就变成了用我们周围比较低收入的群体，以高度集中的金融方式来给不具有比较优势的产业补贴。开始时大企业是国有的，但是经过这30年来的高速发展，情况发生了变化，有些大企业是私有的。

同样的情形，我们是个资源短缺的国家，在改革开放之前，为了保护我们当时的重工业，资源的价格被压低，为了补偿开矿企业的利益，采矿基本上不用交税。改革开放后的1993年后，产品价格开始跟国际接轨，但资源、开矿方面的税基本上等于白送。为了取得开矿权，投资两三千万，但实际上一个矿可能值几十亿、上百亿，因此，这种机制就把大部分资产转移给这些开矿企业的老板。另外，很多的服务行业，比如通信、交通、金融维持垄断，有了垄断利润。上述措施，就导致收入差距越来越大。不仅如此，为了取得上述保护补贴的好处，就会有寻租，所谓的寻租，用政治学的语言叫贿赂、贪污、腐败，这就是我们双轨制改革中存在的问题。

双轨制下的扭曲已到消除时候

双轨制下存在的问题应该改，如果不改，就不能消除收入分配不公和贪污腐败等可能造成社会不稳定问题的根源。我个人认为，这不仅是应该的，而且是可以的。

在20世纪80年代、90年代开始改革开放时，我国是世界上的贫穷国家，当时资金密集的大型国有企业违反比较优势，缺乏自生能力，补贴是一种雪中送炭。但是，经过33年的发展，2012年，我国人均收入达到6100美元，属中等偏上的国家，资本已经不像20世纪80年代、90年代那样短缺，很多过去缺乏比较优势的产业已在国际市场上有竞争力，具有比较优势。如果继续给它政策补贴，已经不是雪中送炭，而是锦上添花。因此，在现有的社会条件下，不仅应该改革，而且可以改革。

现在就是要消除双轨制改革遗留下来的保护补贴，如果不消除，就无法用釜底抽薪的方式，解决收入分配差距越来越大以及腐败现象越来越多的问题。

从 2008 年开始，未来 20 年我国经济平均每年有 8% 的增长潜力

如果能消除收入分配不公和贪污腐败问题，那么剩余的问题是，中国经济还能维持多长时间的快速增长？国内外有人认为，中国已经持续了33年的高速增长，不可能再高增长。其他国家高速增长期最长也就是20多年，中国已经有33年，中国利用后发优势的时间已经很长了。

我个人的看法是，经济快速增长的本质是后发优势，在技术、产业升级方面成本较低、风险较小，因此关于我国未来的发展到底还有多大的潜力，不是说我们过去有了33年的高速增长，就必然放慢脚步，而是应该问：我们现在的后发优势还有多少？我们还能不能利用后发优势？怎样来发展后发优势？

后发优势的一个很好的衡量，是我们的人均收入水平和发达国家的人均收入水平之间的差距，因为人均收入水平实际上是这个国家平均劳动生产率的一个指标，平均劳动生产率反映的则是平均的技术和产业水平。

2008年，我国的人均收入水平按购买力平价计算，是美国的21%，这相当于日本在1951年时和美国的比较水平，也是21%；新加坡在1967年的人均收入也是美国的21%；我国台湾地区在1975年的人均收入也是美国的21%；韩国在1977年的人均收入也是美国的21%。这些东亚、东南亚经济体利用后发优势，日本维持了20年平均每年9.2%的增长，新加坡维持了20年平均每年8.6%的增长，我国台湾地区维持了20年平均每年8.3%的增长，韩国维持了20年平均每年7.6%的增长。

日本、新加坡、中国台湾地区、韩国，这是我所讲的第二次世界大战后的13个懂得利用后发优势来提升经济增长的几个经济体，它们的发展轨迹、道路、模式和我们的改革开放后一样，或者说我们改革开放以后的发展轨迹、道路和它们是一样的。如果说这样的后发优势潜力让它们实现了20年从7.6%到9.2%的增长，那这就意味着后发优势

也应该让我们的经济拥有20年平均每年8%的增长潜力。

当然，这只是一种潜力，要发挥潜力，前提是什么？需要有比较准确的价格信号，因此，我们应该继续深化市场改革以改善我们价格信号的准确性，才能够比较好地利用比较优势和后发优势。利用比较优势的前提是什么？必须是一个开放的经济。我们必须深化我们的开放，充分利用国际、国内两个市场，如此，我们就能够比较好地利用后发优势给我们带来的潜力。

令人高兴的是，我们国家对这个问题有非常深刻的认识，十八大提出要继续深化改革开放，而且要继续发挥政府好的作用。十八大提出的目标，到2020年国内生产总值和城乡居民收入在2010年的基础上翻一番，我计算了一下，我们的国内生产总值十年翻一番，平均每年的经济增长速度应该是7.2%。2011年增速为9.3%，2012年增速为7.7%，因此，从2013年到2020年，如果国内生产总值要在2010年的水平上翻一番，那么我们应该有的增长速度是6.8%。但还有一个目标是城乡居民收入也翻一番，现在人口增长速度是0.49%~0.5%，从2013年到2020年，平均每年的增长速度应达到7.3%。只要我们改革到位，政府发挥了应有的作用，这个目标是能够实现的。2010年，我们的人均收入是4400美元，如果能够实现这个目标，翻一番是8800美元。我们维持7.3%的经济增长，这意味着我们的劳动生产效率提高得很快，我们应该会有真实的货币升值。很可能到2020年，加上升值，我们的人均收入应该可以达到12,700美元。

按照现在世界的统计标准，如果人均收入达到12,700美元，则属于高收入国家，我想这不是在2020年达到，就是在2021年，最慢2022年会达到。届时，中国会变成第二次世界大战后第三个从低收入变成中等收入再到高收入的经济体。由此，我们实现中华民族伟大复兴的中国梦将迈出扎实的一步，也就是说，在本届政府的领导下，我们应该可以从低收入变成中等收入，再进入高收入，这是一个了不起的成绩。高收入国家是一个门槛，目前全世界高收入国家的人口大约只占全世界人口的15%。如果我们也加入高收入国家行列，全世界高收入国家的人口可以翻一番，这真是一个了不起的成绩。当然跟发达国家比，跟美国比人均收入也不过是其1/4，我们还可以继续努力。

西方不存在"真经"

我国的改革开放取得如此举世瞩目的成就，无论是经济学家还是政治学家都没有预期到。像邓小平那样伟大的政治家，他在改革开放初期首定的目标也就是人均收入和国民经济20年翻两番，再增加四倍，平均年增长7.2%。而我们现在是年均增长9.8%，并且不是20年，是33年。

中国赶上发达国家，是鸦片战争以来几代知识分子共同的梦想，我是第六代知识分子，自然也期望我们中华民族的伟大复兴。

由于我们的落后从根本上说是经济落后，所以我们总是希望在经济学上能取得"真经"，把那本"真经"取回来，按照西方经济学所讲的那些道理，让我们的国家进入现代化。我想这种思维模式在几代知识分子中都存在，包括我年轻的时候也存在，所以我才会到美国去读书。但是反思一下，这套经是不是存在？我前面分析，现在西方似乎把我们存在的问题分析得很清楚，比如我们的贪污现象、寻租现象等。西方的理论还讲产权，如果产权界定不清，就会影响这些参与者的积极性，而且会有道德风险，这样社会就会有损失，等等。

我们自己分析也确实是这样，产权界定不清的时候，确实存在信用和道德风险问题，这些问题西方理论讲得很清楚。但问题是，这些他们好像讲得很清楚的理论，据此拿来做的话，在实际中却达不到预期的效果。不仅转型如此，按发达国家的主流理论来制定发展政策的国家也没有成功的先例，少数几个成功的经济体，他们的政策从主流的发展理论来看也是错误的。实际上，西方并不存在一本可以帮助发展中国家的真经。

中国社会科学的本土化

我觉得，我们所推崇的应该是一种能够真正帮助我们认识世界、改造世界的理论。180多个发展中国家都希望自己的国家现代化，希望自己的国家能够在国际上得到尊重。但是，这里有一个共同的误区，这个误区就是：认为有一本真经在那个地方，你学会以后虔诚地念，虔诚地读，你就会实现现代化。实际上没有，西方的理论在西方国家也不见得永远适用，各种理论可以说各领风骚几十年，二十年、三十年以后就会被别人所扬弃。

另外，即使这个理论在西方有效，在发展中国家是不是就必然有效？我们知道，理论的适用性决定于条件。因为条件不同，在西方适用的理论，不见得适用于我们。因此，我们在学习西方理论的时候，不能够简单地全部照搬。我们必须将中国社会科学本土化，这样，中国的知识分子才能够真正为国家的现代化做贡献，中国的知识分子才能够避免好心干错事。

如果我们能够秉承这样的研究态度，对存在的问题，去了解它的历史根源，了解它存在的状况，了解它问题的本质，我相信我们就能够找到解决的办法，而这样的办法所形成的思想理论和西方的很多理论可能都不一样。重要的不是说我们的理论能不能被接受，而是这个理论能不能帮助我们认识世界，帮助我们改造世界，帮助我们作为中国的知识分子贡献于我们国家和民族的伟大复兴事业，那才是重要的。

而且我相信，如果我们真这样做的话，我们提出来的理论对目前

85%还生活于发展中世界的人民也会有更积极的贡献，因为理论的适用性决定条件的相似性。这样会有助于实现中国知识分子所讲的"修身、齐家、治国、平天下"的理想，帮助其他发展中国家克服它们在发展中遇到的困难，使其实现像中国这样的快速增长。

邓小平做对了什么

周其仁

著名经济学家、北京大学国家发展研究院教授

本来我为会议准备的是另一篇论文，可是，6月3日科斯（R. Coase）教授的助手来信转述了以下意见："他认为如果没有一篇关于邓小平的论文，这次研讨会将是不完美的。"来信还说："你可能是提供这样一篇论文的最合适人选。"这当然不是我可以承受的荣耀。不过，我倒愿意说明，为什么自己宁愿冒着不自量力的风险，也要尝试着完成已经97岁高龄的科斯——这次研讨会的发起人和主持者指定的任务。

第一次看到科斯的名字，是在一本小书上。那是1985年夏天，北京四通公司的一位朋友悄悄给了我两本小书，翻开一看，是张五常著的《中国的前途》和《再论中国》，由香港《信报》出版。落到我手上的这两本显然是盗印的：开本很小，纸张奇差，有照相翻拍的明显痕迹；封皮上没有字，里面印有"内部读物"的字样。

不知道谁是张五常，可是翻开他的书，就难以放下。

在《中国的前途》第148页，张五常这样介绍："高斯对经济制度运作理解的深入，前无古人，且对中国的经济前途常深表关怀。"书中提到了科斯的两篇大文，用产权（property rights）与交易费用（transaction cost）的概念阐释了制度和制度变迁的理论。那时我自己对市场交易没有多少感受，因此对交易费用不甚了解，特别是对似乎把交易费用假设为零的科斯定理感到有理解方面的困难。但是，对于产权界定（delineation of rights），我立刻觉得它有非凡的解释力。

为什么独对产权界定别有感悟？容我交代一点背景。我是1978年从黑龙江农村考到北京读大学的，此前，我没有机会上高中，不过是1966年毕业的一个初中生，经历了三年停课后于1968年上山下乡。我拿到大学录取通知书的时候，已在邻近俄罗斯的边陲之地上山下乡十年了。对我这样的人来说，邓小平时代的第一页，就是他于1977年8月做出的恢复高考的决定，这一页改变了我们这代人的命运。

1978年10月后的北京，是中国伟大变革的旋涡中心，我们为重新获得读书机会而奋发学习。我们到西单看过大字报，传阅过当时一切可得的有关日本、美国、欧洲、中国香港、韩国、新加坡现代化情况的报道，也聚在一起收听十一届三中全会的新闻公报，以及邓小平和意大利女记者法拉奇的著名谈话。站在中国开放时代的端口，为了消化大量扑面而来的新鲜信息，我们在自发组织的读书小组里度过了无数不眠之夜。

不过，最打动我们的还是在一次聚会上听到的安徽农村包产到户的消息。那是亲到现场调查的人带回的第一手报告：大旱天气增加的饥荒威胁逼得农民悄悄把集体土地分到了户，结果，粮食大幅增产；但包产到户不合法，农民只能在底下秘密推进。这个消息让我们兴奋。在贫困好像与生俱来、无可更改的中国农村，原来也存在迅速改善生活的路径！我们的困惑是：为什么被实践证明可以促进生产、解决农民温饱问题的生产方式，得不到上层建筑的合法承认呢？

1980年，以部分北京在校大学生为主，我们自发成立了一个农村研究小组，立志研究中国农村改革和发展面临的种种问题。由于全部有过上山下乡的亲身经历，其中还有几位就是农民出身，所以大家志同道合，心甘情愿地重新走进农村和农民的生活，观察、询问、调查、分析、研究和辩论，提升了对真实世界的认知水平。机缘巧合，这群"北京小子"的工作得到了杜润生先生等中国农民问题顶级专家的欣赏、指点和支持，他把我们带入了改革政策的制定过程。其中我个人最离奇的经历，就是身为一名党外人士，也参与了20世纪80年代中共中央关于农村改革的几个政策文件的准备、起草、修订、成文的全过程——按规矩，这些党内文件一旦下发，是不可以让我这样的党外人士阅读的！仿佛在不经意间，我们见证了历史：对于八亿中国农民来说，包产到户才是邓小平领导中国改革的伟大话剧的第一幕。

一、中国特色的产权界定

　　包产到户并不是新生事物。调查表明，早在1956年下半年，浙江永嘉县就出现了包产到户——刚被卷入高级社的农民发现"大锅饭"带来出工不出力的消极倾向，就把集体土地划分到农户，以此约束集体成员努力劳动。后来，我结识了当年主政那个地方的县委书记李云河，他因赞成包产到户而被革职，遣返老家务农长达21年之久！1959年至1961年，包产到户出现在大饥荒最严重的所有省份，其中仅安徽一地就蔓延到全省40％的生产队，农民把能够有效抵抗饥荒的责任田称为"救命田"。问题来了：既然包产到户不是邓小平主政中国以后才出现的现象，更不是邓小平自上而下发明或推行的一种土地制度，为什么要把农村包产到户改革看成邓小平伟大话剧的第一幕？

　　答案要从包产到户本身寻找。包产到户的学名是家庭联产承包责任制（household-contracted responsibility system），在这套制度下，集体的土地分给农户，以农户承担一定的责任为前提。在开始的时候，农户的责任通常与产量相联系——以相应土地面积的常年平均产量为基线，农户承诺将交多少给国家、多少给集体，以此交换土地的承包经营权。很明显，这是一个"增加的产量归农民"的合约，对生产积极性的刺激作用不言而喻。另一方面，承包到户的土地并没有改变集体所有制的性质——它们还是公有的，只不过按照约定的条件交给农户使用而已。

农民和基层生产队发明了家庭联产承包责任制，也证明了这套办法能够有效地增加产量、抵御饥荒。但是，农民和基层生产队并不能决定包产到户能不能得到合法的承认。这是苏式中央集权体制的一个派生物：任何经济组织、生产方式的变动，都被看成事关社会主义道路和方向的大事，因而都必须由最高权力当局决定。在中国，从"三条驴腿的合作社"到几万甚至几十万人组成的超级人民公社，从要不要办集体食堂到可不可以由社员私养集体的母猪，一切皆由中央和中央主席定夺。可是，毛主席对集体土地承包给农户经营的办法抱有很深的成见。有记录说，虽然严重的饥荒也曾逼迫主席默许包产到户，但只要"权宜之计"产生了效果，经济情况有所改善，有的人就一定高举阶级斗争和路线斗争的大旗予以无情的打击。在整个毛泽东时代，包产到户屡起屡败。

自发的合约得不到法律的承认和保护，对当事人的预期和行为就有不利的影响。我们看到，自发的包产到户固然可以让农民尝到增产和温饱的甜头，但此种好处究竟能不能持续？未来继续承包的条件有什么改变？在什么情况下承包模式又可能被批判？所有这些疑虑都影响着农户的生产和投资（农地保护和改良）决策。这是来自合约本身性质的一个实质性的困难：作为有待兑现的一组承诺，不稳定的预期无可避免地要增加它的履行成本。

邓小平的贡献，是把国家政策的方向转向了对促进生产力的自发合约提供合法承认与保护。这并不是这位伟大政治家一时心血来潮的杰作，据杜润生回忆，早在1962年邓小平就谈到，"生产关系究竟以什么形式为最好？恐怕要采取这样一种态度，就是哪种形式在哪个地方能够比较容易比较快地恢复和发展农业生产，就采取哪种形式；群众愿意采取哪种形式，就应该采取哪种形式，不合法的使它合法起来"（见《杜润生自述》第332页）。这说明，邓小平早就明白"合法承认"对特定生产关系（产权与合约）的意义。当历史把他推上执掌中国的地位之后，邓小平就用"这样一种态度"来对待农民和基层创造的家庭联产承包责任制。

在邓小平路线下，农村家庭承包制获得了长足的发展。家庭承包制由落后的边远地区扩展到发达地区，进而几乎覆盖了全国所有农村生产队；土地承包的期限由1年、3年、15年、30年扩展为"长期不变"；合约的责任从联系产量开始，逐步演变为联系土地资产。农村家庭承包责任制不断得到更高规格的合法承认：从基层的秘密存在，到地方政府的承认，到中共中央政策文件的肯定。最后，2002年，九届全国人大常委会第29次会议通过了《农村土地承包法》，确立了农民家庭承包责任制的法律地位。按照这部法律，全部农地的使用权、收益权和转让权都长期承包给农户；"集体"仍是农地在法律上的所有者，但其全部经济职能就是到期把所有农地发包给农民。随着承包户拥有续订合约的优先权，长期不变"就是永远不变"。

中国人创造的这个经验，让我们想起了科斯在1959年提出的一个命题："清楚的产权界定是市场交易的前提"（中译见《论生产的制度结构》第73页）。我们可以说，产权界定也是合约的前提——要不是双方或多方各自拥有清楚的资源产权，他们之间怎么可能达成任何一个合约？可是，中国的实践提醒人们：恰恰是承包合约才界定出清楚的农民对土地的权利，因为在订立承包合约之前，作为集体成员的农户究竟对集体土地拥有何种权利，通常是模糊不清的。这是不是说，农户的产权反而是经由合约才得到界定的？在这个意义上，我认为可以得出一个新的结论：合约缔结与产权界定根本就是不能分开的同一回事。

合约可以经由再合约（re-contracted）得到调整，而经由合约不断界定的产权也就可以不断地进一步明确其经济含义，并逐步提升其"强度"。我们在中国看得很清楚，后来被列入宪法保护范围的私人财产权利，最初就是从城乡公有经济的承包合约中产生并发展起来的。私人承包获得的公有资源在约定条件下具有排他的专用权，不是私产又是什么？按照承包合约，超出约定产量的部分一般归承包人所有，这难道不是正在创造更完备的私产吗？随着承包私产和超越承包形成的私产不断由少增多、由弱变强，公有制成员不断扩大对外缔结合约的范围，循序渐进地积累起更多的私产，也进入更丰富多样的市场合约网络。这套经由合约界定出清晰产权的办法，从农业扩展到非农业，进而扩展到城市，奠定了中国市场经济的基础。

来芝加哥参加这次会议的时候，正是中国春小麦的收割季节。此刻在华北农村的田野上，有一幅壮观的画面：成千上万台拖拉机和收割机，顺着庄稼成熟的路线跨村庄、跨市县、跨省份移动。这些拖拉机和收割设备，有私人的，有多个私人拥有并集合到一个合作社或一家股份公司的，也有公司承包给私人经营的。他们作业的范围，早就超越了一个个"集体"的狭小范围，唯有一个复杂的市场合约网才能把他们与数目更加庞大的农户、合作社、公司制农场的收割服务需求连到一起。甚至政府也参与了进来，一道道紧急颁布的命令不但要求沿途高速公路对这些农机分文不取，而且要求提供良好的服务。这是经历了30年改革的中国经济的一个缩影：产权与合约构成了所有活跃的生产活动的制度基础。

邓小平本人不一定看到过产权界定的理论表达，可是，邓小平的改革之道就是坚持产权界定并寸步不移。这套中国特色的产权界定，一直受到来自不同方面的批评。一种批评说，邓小平的改革逾越了"一大二公"经济的最后边界，因而背离了经典社会主义。这种批评忽略了继续维系一个不断支付昂贵组织成本的体制的巨大代价，这一点，人们通过比较改革的中国与拒不改革的那些国家经济表现上的显著差别，就可以获得深刻的印象。另一种批评认为，基于承包合约的产权改革远不如"全盘私有化"来得彻底和过瘾。

邓小平不为任何批评所动，他始终坚持一点：无论如何也要容许中国人在实际的约束条件下从事制度和组织选择的探索和试验。任何产权、组织或合约形式，只要被证明可以促进生产的增加和人民生活的改善，邓小平就乐意运用自己的政治威望动员国家机器，在"中国特色社会主义"的总标题下为之提供合法的承认。这看起来似乎只是一套非常实用主义的策略，但是，有了科斯以来经济学的进展，我发现中国改革的实践经验里包含着具有很高普适性的道理，这就是广义的交易费用决定着制度的存在及其变迁。

二、把企业家请回中国

2006年，我访问了位于浙江东部的台州市松门镇的一家民营公司。创办人叫江桂兰，是位农家女，中学毕业后打工十年，1991年靠私人借贷来的20万元办了这家塑料制品厂。四年后，江桂兰在广交会向别人转租来的1/6个展台上，与外商签订了第一份出口合同。又过了十年，江桂兰的公司已成为肯德基全球所用餐具的主要供货商。等我到访的时候，江桂兰的公司有1000多名工人，每年出口600个集装箱的制成品。

江桂兰的故事在今天的中国非常平常。比起华为的任正非、阿里巴巴的马云、吉利汽车的李书福、蒙牛的牛根生以及其他大牌明星般的民营公司老总，江桂兰显得过于普通，不过，要是在改革前，江桂兰的公司就是只有现在的1%的规模也容易"举世知名"——在那个时代，任何"自由雇用"工人的企业，绝对都有机会作为"资本主义的典型"而登上政治新闻的榜首！同样是私人办公司，从被看作资本主义的洪水猛兽，到被戴上"民营企业家创业"的桂冠，满打满算也只不过30年——中国到底发生了什么？

为了回答这个问题，人们当然要提到来自实际经济生活的压力。一方面，在"短缺经济"下，商品和服务的长期匮乏满足不了城乡居民家庭最基本的生活需要；另一方面，单一公有制经济又满足不了日益增长的就业需求，特别是不能吸纳包产到户改革后释放出来的巨量农村剩余劳动力。两方面压力的汇集，逼迫中国以更灵活的方式组织经济。

于是，在单一的公有制经济的身边，出现了野草般顽强生长的个体户。当年北京的一起标志性事件，就是回城的下乡知青在路旁摆摊出售大碗茶。他们自我雇用或利用家庭劳力，靠私下筹集的小资本捕捉种种市场机会。一些个体户取得了成功，而日益扩展的市场要求他们进一步扩大生意的规模。结果，个体户开始越出"家庭劳力加两三个帮手"的规模，向着雇用更多工人的私人企业方向演变。挑战来了：社会主义中国怎么可以容许"资本主义剥削"的复辟？

对传统思维而言，私人拥有生产资料，自由雇用特别是雇用工人超过七人以上的企业，当然就是"资本主义剥削"，与社会主义格格不入。这条马克思和苏联模式划下的铁的界线，中国自1956年完成工商业社会主义改造后就再也没有逾越过。现在，改革突破了传统戒条，是不是"走资"的疑虑笼罩了中国。

同时，高举改革开放与坚持社会主义两面旗帜的邓小平，抓住了一颗瓜子破解难题。20世纪80年代初，安徽芜湖个体户年广久炒卖的"傻子瓜子"受到市场追捧，生意迅速扩张。1981年9月，年氏父子三人从雇四个帮手开始，两年内发展成一家年营业额720万元、雇工140人的私人企业。"傻子"当上了老板，争议也从芜湖一路到了北京。如何定夺小小一颗瓜子里面的大是大非？

我当时供职的农村政策研究机构是杜润生领导的，他组织了关于

"傻子瓜子"来龙去脉的调查，并把有关材料报到邓小平的案头。记得当时传回来的小平指示斩钉截铁，就是"不要动他"四个大字！其中，最了得的还是那个"动"字，因为这一个字就包含了"运用国家机器的强制手段给予取缔和打击"的全部意思。既然历史经验显示过去那套做法效果不佳，小平的意思就是多看看、多试试，再也不准用专政手段对待像年广久这样的民营企业家。

邓小平的办法就是允许实践，并从实际出发来观察和分析。冷眼看"傻子瓜子"，并不难厘清其中的是非曲直：年广久雇用的140名工人，原本都得不到国有企业的工作机会；年广久付给工人的薪水，不低于当地国有工厂的给付水平；这些工人原本或失业或从事其他工作，但收益还不如给年广久打工。更重要的是，"傻子瓜子"的市场成功，刺激了更多的瓜子供给——老板与老板的市场竞争加剧了，这不仅是顾客的福音，更是工人的福音！可是，"资本主义剥削"的公案又做何处理？

没有人指出，剩余价值学说的基础是交易费用为零。马克思在理论上坚持，当资本在流通领域雇佣劳力时，双方交易遵循的是等价原则。在这里，一切商品（包括劳力商品）的价格等于价值，因此就排除了资本对劳力的剥削。奥秘发生在其后：资本家带着雇来的工人进入工厂的大门以后，组织、指挥、命令工人生产出高于其劳力价值的产品；最后，企业主带着这些产品回到商品流通领域，再次通过等价交换完成剩余价值的实现。

说得很明白，在上述各个环节，都没有交易费用这回事。不是吗？资本家似乎不费吹灰之力就发现了顾客及其需求的各种细节，从而决定生产什么和生产多少；资本家也不费吹灰之力就发现了待雇的劳力和其他生产要素，从而决定以什么价格、什么合约形式雇多少要素；资本家甚至无须付出监督和管理的努力，就可以使团队产品自动大于团队成员个人产品的算术之和。在这个前提下——也仅仅在这个前提下——我们当然同意马克思的意见："剩余价值"不但是"多余"

的，而且还带有道义上不公正的剥削性质。

问题是，真实世界里的交易费用绝不为零。一般如商品和服务的买家与卖家，特殊如资本家与工人，他们之间在市场上的相互发现、订约和履约都要付出昂贵的费用。交易费用不为零，就既不存在自动的等价交换，也不存在不需要经营、监督和管理的经济组织。从这一点看，发现市场、协调供求、组织生产等项职能绝不是"多余的"。资本家们获取的报酬，部分是投资于企业的财务资本的利息，部分是企业家人力资本的服务回报。至于这些收入的水平高低，是由市场竞争——企业家与企业家的竞争、工人与工人的竞争、商品买家与买家的竞争以及商品卖家之间的竞争决定的。

资本家当然要利用自己的相对稀缺性谋求更高的收益。像任何市场中人一样，资本家也可能在履行合约的过程中侵犯、损害各相关利益方——其他股东、各种债权人、工人、上下游供应商、产品经销商甚至顾客的利益。人们可以用"剥削"之名囊括所有这些侵权行为，但无论如何，"剥削"不是资本家的唯一职能，正如可能的假冒伪劣行径并不是商贩的全部职能一样。在真实世界里，人们节约交易费用的行为与增加交易费用的行为——两者皆可图利——经常混杂在一起，究竟哪一种行为主导着经济，取决于现实的约束条件——习俗、道德、法律及法律的实际执行。

那么，究竟怎样对待真实过程里的资本家呢？苏联模式得出了一个革命性的结论：消灭资本家，消灭一切剥削。但是，这样一来，把资本家节约交易费用与组织成本的职能也一并消灭掉了。问题是，交易费用并没有随着资本家的被消灭而消失，社会主义经济仍然面临节约建设成本、生产成本、制度成本和组织成本的严重问题。结果，把资本家打翻在地的社会主义国家，只好由自己来扮演"总资本家"的角色，即用"没有资本家的资产阶级法权"（列宁）来管理国民经济。几十年的实践结果表明，中央计划体制不但运行成本奇高，也并没有完全消灭"剥削"：作为等级制替代产权与市场合约制度的产物，官僚特权替代了资本家的剥削；在"大锅饭"的体制下，多劳不能多得的人天天受到"不多劳却多得"行为的剥削。这个结果应该出乎革命家当初的预料，它当然要被反思。邓小平不允许对重新冒头的民营企业一棍子打下去，坚持多试试、多看看，意在探索把复杂问题分开来处理的路径。苏联和中国自己的历史教训时刻提醒着中国改革的决策者，为什么社会主义经济非要把资本家连同创业精神、市场判断力、组织和协调生产的能力一起抛弃呢？

邓小平把企业家请回了中国。他执掌中国后不久，就高度肯定了历史上民族资产阶级的代表荣毅仁，并大胆决策，划出一笔国有资本交付荣先生全权打理——这开启了"国有资本+企业家"的新经济模式。邓小平还运用自己的政治权威，多次对"傻子瓜子"这个事件表态，不准再动用国家机器鲁莽地扼杀民营企业家。这位革命老人一次又一次耐心地问：允许这些企业家存在，难道真的就危害了社会主义吗？

越来越多的人得出了正确答案。随着企业家的存在被广泛认为是"对的"（right），创业当企业家再次成为中国人的一项权利（the rights）。改革以来，中国发布了多个政策文件，通过了多部法律，并数度修订《宪法》，逐渐承认并保护普通人自由缔约、创办各类企业、按投资要素分配收入的合法权利。据一项权威发布，到2007年年底，中国的民营经济约占国民生产总值的50%、非农就业的70%、税收的30%～40%，这是改革前无论如何也不能想象的。

三、重新认识"看不见的手"

从1985年5月开始，邓小平连续几年推动"价格闯关"。这意味着，原来由国家规定和控制的物价，要放开由市场决定。此前，中国已形成一种"价格双轨制",即按计划指令生产的产品由国家定价,超计划增产的产品则按市场供求决定价格。这个过渡性的体制,在显著刺激增产的同时也造成分配方面的混乱:同一个产品的"市场价"高于其"计划价"数倍甚至十数倍,以至于任何有"门路"的人都有机会把计划轨道上的产品倒卖到市场上而大发横财。一时间,寻租盛行,公众反感。邓和他的同事们决心推进价格改革,解决问题。

价格改革之所以被称为"闯关",是因为此前波兰放开食品价格,影响了工人生活,导致大罢工和波兰共产党的下台。中国价格改革的代价究竟有多大,能不能平稳推进,没有谁可以打包票。邓小平决心用自己的权威推进价格闯关,他甚至说,趁我们老同志还在,勇敢闯过这一关。

1988年7月,国务院宣布放开名烟名酒价格,这其实是一次试探性的前哨战。8月中旬,中共中央政治局会议通过了《关于价格、工资改革的初步方案》。不料,会议公报发表的当天,全国各地就出现了居民抢购食品和生活用品又拥到银行挤提存款的风潮。十天以后,国务院宣布加强物价管理,不再出台物价调整项目,提升银行存款利息,全面整顿市场秩序。9月,中共中央政治局决定开展全国范围的"治理整顿"——第一波价格闯关搁浅。

事后我的理解是,在累计发放货币过多的条件下放开价格,势必会把原先存在的隐性通胀转成群众不可能接受的显性高通胀。这证明,即使得到了政治方面的强力支持,在高通胀环境下也难以顺利推进价格改革。中国进入了为期三年(1989年至1991年)的"治理整顿"期,政府用行政手段抽银根、压投资、管物价,经济增长减速,经济改革停滞。让中国和世界大吃一惊的是,邓小平在1992年春天再次奋力推进中国改革,他以一个88岁退休老人的身份发表了著名的南方谈话——"不改革开放,只能是死路一条"。邓小平特别提出了长期困扰中国改革的问题:坚持计划体制是不是就等于"姓社(会主义)"? 走市场之路是不是就等于"姓资(本主义)"? 他的答案石破天惊:计划和市场都不过是配置资源的方式，社会主义同样可以走市场之路。

在邓小平的推动下，中国于1992年再度勇闯价格关。是年，新放开的生产资料和交通运输价格达648种，农产品价格50种，其中包括在全国844个县（市）的范围内，放开了长达几十年由国家统购的粮食价格，并放开了盐和药品以外的全部轻工业产品的价格。到1993年春，中国社会零售商品总额的95%、农副产品收购总额的90%以及生产资料销售总额的85%都放开了，由市场供求决定价格。价格闯关最终成行，"用市场价格机制配置资源"从此成为中国经济制度的一个基础。

经济学家通常会不遗余力地推崇市场价格机制，这不足为奇，因为有亚当·斯密以来经济学传统的鼎力支持。可是，为什么邓小平也对"看不见的手"情有独钟？这位曾经指挥过百万野战大军、担任过中共中央总书记和国务院副总理的大政治家，分明拥有一双"看得见的手"！他难道不知道，扩大市场价格机制配置资源的范围，总要在某种程度上收缩"看得见的手"发号施令的范围？大权在手，又坚决推进价格闯关，这究竟是为什么？

这个问题，我认为涉及三个层面。第一，苏联式计划体制的实质，是把整个国民经济办成一家超级国家公司，这家超级国家公司不得不承受巨大的组织运行成本——收集需求和生产全部信息的成本、决策和指挥的成本以及发现错误并加以纠正的成本等。作为改革前中共第一代领导集体的一员，邓小平多年负责处理国家一线事务，几乎就是这家超级国家公司的执行长。正因为对原有体制不堪重负的成本压力有切身感受，也对原有体制的运行效率极不满意，邓小平才比局外批评家更明白，权力过于集中的主要结果恰恰是无法有效行使国家权力。历史把这位执行长推上了决策人的位置，邓小平决意改革，顺理成章。

第二，邓小平倡导的开放启迪了一代中国人，也启迪了他本人。作为1978年至1982年的一位北京的在校大学生，我感受到，那几年涌动的关于中国经济发展的新想法、新冲动，无一例外来自多年封闭后对外部世界的观察、比较和思考。无论是欧美、日本、"亚洲四小龙"，还是南斯拉夫、匈牙利和波兰，所有当时在经济成就方面令中国羡慕的经济体，没有一个是套用苏联计划模式的，这些经济体都允许"看不见的手"发挥基础的资源配置作用。它们的经验说明，价格机制并不是洪水猛兽，中国为什么不可以大胆试一试？

最后一个层面最为隐蔽。邓小平的哲学，是相信每个普通人都具有改善生活的持久动力。国家要富强，要推进现代化，就必须充分发挥每个社会成员和所有基层组织的积极性。正是在这样的思想基础上，产生了上文提到的中国式权利界定和把企业家请回中国的改革政策。新的问题是，当改革开放释放了个人、家庭和基层组织的积极性之后，如何协调（coordinate）十几亿人口爆发出来的竞争致富冲动？这成为新的经济体制必须解决的问题。邓小平倾心于发挥价格机制的作用，是因为他认识到仅靠国家计划之手，根本不足以应对改革开放后如何协调整个中国经济的新课题。

叙述至此，我们也许要为一件事情感到遗憾，那就是科斯教授从未访华，因此也就没有与邓小平先生谋面的机会，不过，我猜想他们俩可能会互相欣赏。科斯在1937年创立的公司理论，出发点是覆盖整个经济的"完备的市场"，由价格机制配置一切资源——这也是大多数经济学家的理论出发点。但是，年轻的科斯早在1937年就发现，价格机制并不免费，因为市场交易的成本常常极其昂贵。为了节约由科斯在科学上首先定义的交易费用，内部似乎不用价格机制、靠企业家的权威和计划来协调的公司（firm）就应运而生了。

邓小平的出发点是另外一极，即囊括了整个国民经济的超级国家公司。在这里，国家用"看得见的手"的权威和计划协调整个国民经济，固然因为消灭了一切市场交易而不再受到狭义交易费用的限制，但是，科斯定义的另一种成本，即组织成本（organization cost），每日每时都困扰着这家超级国家公司。邓小平领导的改革，出发点就是降低超级国家公司的巨额组织成本。为此，他提倡分权改革战略，通过对重新界定权利行为的合法认定，激发了个人、家庭、基层组织和地方的积极性，同时把企业家协调和价格机制协调一并请回了中国的经济舞台。

我们有幸目睹了历史性的一幕：一个实事求是的经济学家离开了"看不见的手"支配一切的理论原点，向企业家协调与价格机制协调并用的真实世界出发；一个实事求是的政治家离开了计划经济的教条，向市场与计划并用的体制前进——他们"会面"的地方不是别处，恰恰就是改革的中国！当然，在"看得见的手"与"看不见的手"之间，边界尚未完全厘定，摩擦和冲突时有发生。但是，"两手"之间充满意识形态敌意、非白即黑的那一页已经翻过去，成为历史。新的认知是，计划组织与价格机制可以在一个经济体里共存并用，并以实际的运行成本为依凭来划清彼此之间的界限。

四、腐败的挑战

邓小平关于中国的许多预言都已经实现了。不过，有一点至今还是例外。1985年春天，我在随杜润生先生前往温州调查的路上，听到传来的邓小平指示，大意是中国不能出现百万富翁，不能走两极分化的道路。到达温州的时候，当地人也正在热烈讨论。他们提出的问题是：温州一些民营企业家的身家早就超过了百万元，分明已是百万富翁，怎么办？讨论得出的结论是，企业家的私人财产只有很小的一部分用于自己和家人的消费享受，大部分还是用于生产，如果把消费资料与生产资料恰当地分开，温州就"还不能算已经有了百万富翁"。既然如此，邓小平的指示就不算被违背了吧？

仅仅过了十年，个人的消费性财产超过百万元的例子在中国就不胜枚举了。数千万元的世界级名贵跑车在中国热卖，那可不是生产资料。2000年前后，全球顶级奢侈品的专卖店纷纷在北京、上海、深圳开张，市场说这里是成长最快的奢侈品市场。由于房地产和股票市场的力量，很多专业人士，包括工薪家庭，也进入了百万富翁的行列。所有这些，可以不无理由地被看成经济成就的象征。但与此同时，官方统计和报道、国内外学界的调查以及对社会生活的直接观察都表明，今天的中国还有不少生计艰难、平均每天收入不过一美元的贫困人口。

学者们用基尼系数描述收入分配差距的状况，发现改革后中国的收入分配差距有拉大的趋向。这类测度可能忽略了一点，即"收入的获取是否合乎公义"并不是定量技术可以描述的。姚明的高收入是一回事，贪官们卖官鬻爵的收入是另一回事，公众舆论真正痛恨的是后者，因为其收入不合公义。可是，关于收入差距的测算并不能划分这个极其重要的区别。其实，真正威胁改革存亡的严重问题是：即使根据反贪部门公开发布的腐败案例，人们也看到利用公权力腐败——显然是不合正义的收入——的趋势在中国有增无减。

除了当事人的道德水准外，贪污腐败的趋势到底与什么有关？对此，张五常曾提出过一个理论。在本文开头提及的《中国的前途》里，张五常指出，就竞争稀缺资源而言，人类社会形成了两种基本的经济制度：一种以等级制特权来规范和约束人们的行为，防止稀缺资源被彻底滥用；另一种就是产权制度，即以财产权利的界分来划分人们从事经济活动的自由空间，以刺激生产、交换、分工与合作。张五常更推测，当第一种经济制度转向第二种制度（即市场经济制度）的时候，腐败将大量发生，因为原来的等级特权无可避免地要争取最高的权力租金。这个过程甚至可能形成一种独特的"秩序"，即"制度化腐败"（institutionalized corruption）。后来的中国经验的确表明，腐败不仅仅是改革启动后的一种伴随物，也是瓦解公众对改革的支持的腐蚀剂，甚至是终极改革的致命杀手。转型经济怎样应对制度化腐败，是一项严峻的挑战。

邓小平的答案是多措并举：道德教育、党的纪律和法治。我不认为还可以想出更多的办法来遏制腐败。问题是，在上述分权改革、重新界定权利、承认并鼓励民营企业家、大规模利用价格机制的每一个过程中，腐败不但如影随形，而且有更快蔓延之势——腐败跑得似乎比改革还要快！1986年9月，邓小平得出了一个重要结论：不改革政治体制，就不能保障经济体制改革的成果，不能使经济体制改革继续前进（《邓小平文选》第三卷，第176～180页）。为此，他开始部署中国政治体制改革。

政治体制改革更为复杂和困难。症结是：经济改革触犯的经济既得利益，还可以用经济手段补偿，政治改革触犯的既得利益，拿什么来补偿？举一个例子，原来"享受低价好处"的居民家庭，一旦价格放开后受到损害，政府可发财政补贴给予补偿。但是，原来主管物价的政府部门，价格放开后就面临权力缩减、部门撤并甚至官员下岗的现实威胁，对于一辈子管物价的官员来说，他身上的专用人力资本一夜间全报废，他能接受吗？用经济办法来补偿"丧失权力的损失"吗？出价低，不可能被接受；出价高，国家财政不堪负担——等级制其实是非常昂贵的。听任掌权者自己补偿（贪污腐败是也）？公众不可能接受，而且那样补偿的结果一定是更舍不得放弃权力。那么，可以不予补偿就取消权力吗？可以，但改革因此就等同于革命了。

邓小平多次讲过"改革也是革命"，不过他面临另一项约束。作为"权力过于集中"的派生物，中国的党政骨干系统发达，但其他社会软组织发育不足，行政系统实际上担负着维持社会经济体系运转的责任，这本身就增加了消化政治体制改革副产品——重新安排官员的难度。另一个连带的后果是，国家权力体系一旦失稳，整个社会就容易动荡。所以，推进"也是革命"的政治体制改革，又不得不以"稳定"为边界。于是，人们看到，1986年重新提上日程的中国政治体制改革并没有实质性的推进。一年以后的中共十三大，通过了酝酿已久的政治体制改革纲领，但没等到切实实施，价格闯关的失败以及随后发生的重大事件再也没有给中国推进政改的机会。即使是1992年邓小平的南方谈话，也仅限于推动经济增长与经济改革，而并不是政治体制改革。中国的政治体制改革，是邓小平未竟的事业。

五、小结

中国经济增长取得的令人瞩目的成就，为邓小平启动的改革开放提供了一个无可更改的背书。如果用最多数人口的日常生活得到显著改善作为评价标准，邓小平领导的中国改革开放一定会被写入历史。当然，伟大成就的成因是复合的，人们对此也常有不同的看法。我的观点是：正是改革开放大幅度降低了中国经济的制度成本，才使这个有着悠久文明历史的最大的发展中国家有机会成为全球增长最快的经济体。

有观察家以为，廉价劳动力是中国竞争力的根本。对此，我的问题是：改革前中国劳力和其他要素的价格更为低廉，为什么那时候并没有影响全球市场的中国制造？更深入的分析表明，知识扩展才是中国经济成就的基础。不过，若问为什么中国人特别是年轻一代中国人对知识的态度有了根本的转变，答案是：改革激发了中国人掌握知识的欲望，而开放则降低了中国人的学习成本。综合起来，早已存在的要素成本优势、改革开放显著降低制度费用以及中国人力资本的迅速积储，共同成就了中国经济的竞争力。其中，制度成本的大幅度降低，是中国经验的真正秘密。

邓小平开启了中国改革开放之路，也开启了中国经济增长之路，不过，他并没有完成中国的改革开放。无论是产权的重新界定、企业家职能的发挥、市场经济框架的完善，还是国家权力的约束与规范，中国都有大量未完成的议题。作为渐进改革策略的一个结果，很多困难而艰巨的改革任务留在了后面，并面临正在改变的社会思想条件。就在科斯先生主办的本次研讨会举行期间，全球金融动荡和油价高企，正给全球经济增长带来前所未有的新考验。受汇率、利率、资源价格和行政垄断部门等重大改革滞后的拖累，中国经济能不能顺利应对这场新的挑战，保持经济的持续增长，还是未定之数。

前年（2006年）在深圳，我有幸听到张五常的如下见解：中国人在改革开放以来创立了"人类历史上最好的经济制度"。我自己得到的观察，不容许我像他那样乐观和肯定。不过，30年来中国的经验的确证明，未来绝不是宿命的。我们有理由相信，中国只要坚持改革开放以来被实践证明做对了的事情，继续推进尚未完成的改革事项，未来的历史将有机会再次证明人们关于中国的乐观断言。

【作者附记】

科斯教授指定的题目是 *The Unfolding of Deng's Drama*，直译过来就是《邓小平戏剧的展开》——在中文语境里是另外一回事了，于是改用便于理解的本文标题。考虑到报纸的发表习惯，原文注释全部删去，留在以后关于中国改革的学术论文里再仔细交代。本文草稿得到宋国青、汪丁丁、卢锋、薛兆丰、朱锡庆、梁红等人阅读并提出意见，对作者多次修订文稿帮助很大。英文稿在研讨会前夜才传到芝加哥大学，蒙97岁高龄的科斯教授亲自审阅，并通过他的助手多次传递老人家的评论意见。在2008年7月14日开始的芝加哥大学"中国改革30年研讨会"上，科斯的致辞、张五常的主题报告以及R.福格尔（R. Fogel）、H.德姆塞茨（H. Demsetz）、R.蒙代尔（R. Mundell）和D.诺斯（D. North）的评论，还有王宁、王国斌（RoyBin Wong）、史正富、许成钢、张维迎、李俊慧、黄亚生、周燕、何东、朱锡庆等人的论文、发言和讨论，不但扩展和增加了作者理解中国改革的视野和深度，更直接推动了作者对本文的修订和补充。关于这次芝加哥学术盛会，作者和其他参与者应该还有文字报道与读者分享，这里谨对科斯及各位会议贡献者致以谢意。当然，文中尚存的错失之处仍由作者本人负责。

第三篇
宏观经济分析

中国经济的新增长点在哪儿

李稻葵

清华大学经济管理学院经济学讲席教授、博士生导师

在传统的两大经济增长点逐步褪色的当下，中国如果能够持续改进政府的社会综合治理能力，提高法制的效率，改进金融体系的效率，长远的增长前景将非常可观。

按照可能爆发的顺序看，中国经济的三大增长点包括：公共消费型基础建设投资、已有产能的绿化和升级、居民消费。其中，最有可能在短期内引爆并可长期依赖的是公共消费型固定资产投资。要催生这一增长点，必须在融资渠道上进行创新，允许宏观杠杆率由190%提高至300%，并建立大量的国债等准货币金融工具，以较低利率的长期债券支持大量的投资，同时释放企业融资的渠道和融资的成本。

当前中国经济的增长速度比之于三年前出现了较大幅度的下滑，GDP增速已经降到了7.5%左右，名义GDP增速也降到了个位数字。中国经济到底还有没有潜力保持较快的增长速度？如果有，新的增长点在哪里？应该

如何通过改革和创新，为中国经济的新增长点接生？这是分析当前宏观经济形势必须回答的三个问题。

中国经济仍然有较快增长的潜力

要回答中国经济增长潜力的问题，必须把中国经济当前的发展阶段放到一个大的历史背景中来考察。

中国经历了36年的经济快速增长，今天已经成为世界第二大经济体，经济规模超出了排在第三位的日本将近一倍。尽管如此，我们必须看到，中国当前的人均GDP发展水平按照购买力平价的汇率计算仍然只有美国的20%。

纵观人类现代市场经济发展的历史，我们会发现，一个经济体的增长潜力有多大，最主要的决定因素是该经济体与世界上标杆性的发达国家人均GDP的差距。近几十年来，在全世界人口总量超过1000万的大国中，美国的人均GDP发展水平始终保持最高，是全世界经济发展的标杆。欧洲各国包括德国的人均GDP发展水平，按购买力平价计算，基本上为美国的80%~90%；日本当前是美国的70%（曾经达到过85%）；韩国、我国台湾地区也接近美国的70%。

东亚各经济体追赶美国的历史经验告诉我们，当它们的人均GDP与美国差距较大时，追赶的速度是比较快的；接近美国时，步伐就会放缓。其基本原因是，差距大的经济体可以从美国等发达经济体学习先进的技术和商业经营的模式，更可以向发达国家出口，从而提升本国国民的收入水平。

日本的人均GDP在第二次世界大战之后达到了美国的20%，我国台湾地区和韩国的人均GDP则分别在20世纪70年代、80年代达到美国的20%，在此之后的五到十年间，这些经济体的增速都在8%以上。因此，我们应该有充分的信心来预测，中国经济在未来的五到十年仍然有接近8%甚至超过8%的增长潜力。当然，这一潜力需要通过社会经济制度的改善来释放。

从长远来看，中国经济有三大发展优势。第一是作为大国经济，拥有巨大的腹地，不必过分依赖国际市场。第二是中国经济是赶超型、学习型的经济，能不断从发达国家学习新的商业模式和技术。第三也是最重要的，中国经济与20世纪80年代末的日本经济不同，仍然有体制创新的原始动力。

中国如果能够持续改进政府的社会综合治理能力，提高法制的效率，改进金融体系的效率，长远的增长前景将非常可观。根据我们的测算，到2049年，即中华人民共和国成立一百周年之时，中国的人均GDP发展水平（按购买力平价计算）有可能达到美国的70%~75%，总体经济规模将接近美国的三倍左右。

根据这一分析，我们应该看到，今天中国经济的一些困难是暂时的，中国应该有底气适当地采取一些措施，来应对经济增长下滑的态势。这是因为，中国可以通过未来较快的经济增长速度和与此同步上升的国家财力，来弥补当前维系经济增长的一些社会成本。

当前中国经济减速的原因

从本质上讲，当前中国经济减速的主要原因是传统的增长点正在褪色，而新的增长点尚未完全爆发。

过去近20年来，中国传统的经济增长点有两个：一是房地产，二是出口。过去十几年，房地产开发及其拉动的相关产业是中国经济增长的第一大动力，房地产开发投资长期以来占到中国全部固定资产投资的20%、GDP的10%左右。

同时，由于房地产行业的特殊性，它不仅拉动着众多相关产业的增长，也带来了巨大的财富效应，让已经买房的家庭在房价不断上涨的同时获得了巨大的财富增值感，因此撬动了相当数量人群的消费。出口则在中国加入WTO之后长期保持两位数甚至高达20%的增长，2007年出口占GDP的比例达到30%以上，外贸顺差占了GDP的8.8%。

但是，这两大经济增长点都在逐步褪色。房地产的增长碰到了困难，原因有两个，其一是城市居民的住房需求已经得到了部分满足。另外，由于金融改革的加速，许多家庭可以比较容易获得5%以上，即超过通胀水平2.5%以上的低风险的、流动性极强的金融投资回报，这改变了居民长期以来形成的将投资买房作为财富增值保值手段的格局。

同时，出口作为中国经济增长的拉动力已经光环不再。最重要的原因是中国经济的规模已从四年前的五万亿美元上升到目前的十万亿美元，世界这个大市场再也不能提供与中国经济增长同步的进口需求，更不用说中国自身的劳动力成本上升、利率上涨也为出口带来了各种各样的阻力。

中国经济的新增长点在哪儿

既然中国经济仍然有较大的长期增长潜力，那么未来的增长点在什么地方呢？我的分析是，中国经济未来存在三个增长点，这里按照有可能爆发的顺序列举如下。

第一个增长点就是民生性、公共消费型基础建设投资。公共消费型基础建设投资指的是直接进入未来百姓消费的、具有一定公共产品性质的基础建设投资，包括高铁、地铁、城市基础建设、防灾抗灾能力、农村的垃圾和水处理、空气质量的改善、公共保障性住房的建设，等等。

这种公共消费型投资不同于一般的固定资产投资，因为它们并不形成新的生产能力，不带来产能的过剩。更重要的是，这种公共消费型投资并不完全是提供公共产品，比如说高铁和地铁仍然是谁使用谁受益，具有相当的排他性，并不是全体百姓同时受益。

但是，这类产品的性质与汽车、冰箱和电视机不同，因为公共消费必须是大量民众一起进行的，比如一趟高铁的消费群是几千人，不可能为一个人开一趟高铁，但一部手机是一个人使用的。公共消费品需要大量的前期性投资，从社会福利的角度看，公共消费类的投资尽管商业回报可能比较低，但一旦形成服务能力，就可以逐步形成社会福利回报。

为什么说这种公共消费型基建投资是中国经济当前以及未来的第一增长点呢？最根本的原因是这类投资是当前中国百姓最需要的，最能够直接提升百姓未来的幸福感。中国的国民，尤其是城市居民，与发达国家国民生活质量的差距，已经不再是冰箱的拥有量、手机的普及度和质量，乃至于汽车的拥有量和品质，而在于空气的质量、交通的拥挤程度、公共交通的普及度和质量，以及自然灾害来临时的应对能力。

这些本质上属于公共消费水平的范畴。提升公共消费水平，需要非常长的投资周期，商业回报往往是很低的，需要政府长时间的补贴。但这种投资在很大程度上可以拉动经济增长，就目前的情况而言，中国的固定资产投资中约有25%用于此类投资，这一比重未来还有提升的空间。值得一提的是，这种投资不仅不会加重产能过剩的问题，反而有助于化解这一难题。

中国经济的第二大增长点就是已有生产能力的绿化和升级。中国的制造业从生产能力和产出量上讲已经在全球名列前茅，但是各种生产设备往往是高污染、高能耗的，把这样的产能升级为现代化、有效率的产能，需要投资，这个投资的过程将长期拉动中国经济增长。

根据我的不完全测算，仅五大耗能行业——有色金属、钢铁、电力、化工、建材，更新一遍高污染、高能耗的产能，就需要十年时间，其每年将拉动GDP增长1%，而且，由此带来的低污染和低能耗将令国人长期受益。

中国经济的第三大增长点是居民消费。中国居民消费自从2007年以后，每年占GDP的比重在不断上升。根据我们的测算，目前已经上升到45%左右，但是居民消费真正成为经济增长的重要增长点，其比重超过GDP的50%，恐怕还需要四年到五年的时间。

综上所述，中国最有可能在短期内引爆，并且可以长期依赖的最大增长点就是公共消费型投资。

如何催生公共消费型投资这个中国经济第一大增长点呢？

为了释放中国经济的增长点，最重要的就是找到一条长期稳定、高效的融资渠道。当前，地方政府投资的主要资金来源是银行贷款及与之类似的信托产品，公开发债占比很低。

依赖银行贷款进行长期投资的弊端很多。第一是期限错配，以三年或三年以下的银行贷款支持十年以上的固定资产投资，往往使得地方政府需要不断向银行再融资，而每一轮再融资无论是对银行还是政府都有风险。

第二是地方政府面对短期还债的压力，从而过分依赖土地开发，这就像一个紧箍咒，不断逼着地方政府拍卖土地，同时又担心地价下降，导致许多地方政府不能够按照应有的长期规划来进行土地开发。

第三是由于大量的固定资产投资依赖银行贷款，而这些投资具有政府背景，在资金来源上具有优先级，在相当程度上挤压了银行对中小企业的贷款，中小企业往往不得不以很高的利率为代价融资，这就拉高了整个民营经济的贷款利率。

当前非常荒唐的格局是，中国的国民储蓄率高达50%，但贷款利率普遍在6%以上；而美国的国民储蓄率为15%左右，其贷款利率却普遍在3%~4%的水平。

该怎么办？我们必须进行机制创新，通过创新为长期固定资产投资打开融资渠道。第一，应该允许宏观杠杆率有所提高，当前中国的杠杆率，即贷款余额加债务余额占GDP的比重约为190%。

国际上很多人认为这个比重太高，但是必须注意，中国的国民储蓄率是50%，用这些储蓄去支持占GDP约190%的债务没有任何问题，因为这些债务的年利息顶多是GDP的19%（按照名义利率10%的上限计算）。美国经济的杠杆率是250%，但是美国的储蓄率只有15%左右，更何况美国还是一个以股权等直接融资市场为主的经济体。

根据这个分析，我们认为中国经济的杠杆率按照比较保守的计算应该提升至300%。其中的关键是调整债务结构，从本质上讲，需要把部分公共消费型基础设施投资由银行贷款转变为低利率的政府性贷款或由政府担保的借款，由此释放银行贷款潜力，让其更多地为企业服务。

具体说来，首先应该逐年增加国债的发行量，使债占GDP的比例从当前的15%提升到50%。可以用净增发的国债收入建立专门的国家民生建设投资开发公司，类似于国家开发银行，但其功能更加单纯，就是专门评估地方政府的长期固定资产投资资金的使用情况。

根据我们的测算，中国2014年可以增加9000亿元的国债规模，2015年，在此基础上还可以再增加3000亿元，即1.2万亿元，以此类推，中国经济未来五年大约能够形成7万亿元以上的不断滚动的（发新还旧）投资基金，用于长期支持民生性项目的投资建设。

第二，已发的、地方政府所借的债务，应该及时转为地方政府的公开债务（由中央政府担保），但地方政府也需要同时公开自己的财务信息和资产负债表，这样可以形成社会对地方政府财政的监督机制，这也是一个机制的创新。

第三，应该通过资产证券化等方式逐步降低银行贷款存量占GDP的比重，如果能从目前的130%降低至100%的话，将有助于化解银行的金融风险，更可以解决经济增长对货币发行依赖的老大难问题。

换句话说，通过以上运作，可以逐步将货币的部分功能调整为由国债等准货币类金融工具来提供，从而使得金融市场的风险大幅度下降。同时也必须看到，当前由银行发出的基础设施贷款有一定的风险，所以应该允许银行和信贷公司进行一定的重组，允许部分项目和产品违约，这样才能够给金融系统消毒，逐步地化解系统性金融风险。

总之，中国经济未来仍然有大好的发展前景，而当前能够看到的最大的新增长点就是长期的、可持续性的、民生的、公共消费型的基础设施投资。为了释放这一增长潜力，必须从现在开始在融资渠道上进行创新，要在中国建立大量的国债等准货币金融工具，以较低利率的长期债券来支持大量的投资，以此打通企业融资的渠道，降低融资成本，为整个中国经济的转型升级奠定坚实的基础。

克强指数远比 GDP 靠谱

许小年

中欧国际工商学院经济学与金融学教授

目前经济数据的走弱、增长速度的下行，不是一个简单的周期现象，而是一种结构性的衰退。

中国经济下行是结构性问题，靠宏观政策是无法解决的，只能下定决心，进行实质性改革，这个改革也包括政治体制改革。

企业家将无法避免面对经济的上上下下，也无法避免面临风风雨雨。以一个平和的心态面对，坚持把自己的企业做好，少听一点"天气预报"。

归根结底要把自己的企业做好，一家好的企业，应该在经济向上时做好，最关键的是要在冬天活下去。最可怕的是，春天到了，你不在了。

一、中国经济是一种结构性失衡带来的持续性衰退

从最近几个月的数据来看，中国经济确实是很不乐观。

我一直在强调的一个观点就是，目前经济数据的走弱、增长速度的下行，这不是一个简单的周期现象，我认为这是一种结构性的衰退，跟大多数经济学家理解的周期性衰退不一样。

周期性衰退，像冬天到了得了感冒一样，过段时间就好了。但结构性衰退是内部得了炎症，如果不动手术，光吃药是好不了的。

结构性失衡为何会带来持续性的经济衰退？首先要解释为何中国的经济衰退是经济结构性失衡引起的衰退，哪些方面失衡了。

1. 需求方投资需求和消费的失衡

消费不足，首先我不认为是需求疲软造成的，这只是一个表面现象。就像发烧一样，发烧只是表面现象，内部有炎症才是实质。

目前政府和企业都热衷于投资，投资拉动经济占到了50%，而消费拉动只占到35%。至于为何会需求不足，我认为核心原因在于目前"国民收入分配有利于政府和企业，居民收入比重下降"（总结为：国富而民穷是也）。

2. 投资导致产能增长超过国内购买力的增长

中国已经成为第二大经济体，在制造业方面，大多产能都达到了世界第一，产品该卖给谁？目前中国已经形成了大量过剩产能，企业就自然投资需求不足。企业不敢投资，表现为生产产能指数连续十几个月下降，钢铁、煤炭、水泥等都在下降，在这些都在下降时，谁敢投资？

回想2009年，也是如此。当时政府感觉到企业的投资需求不足，那就由政府来投资，当时是大量投基础性行业。现在更糟，连基础性投资都面临过剩，连政府都不知道去哪里投资。

目前中国的投资占GDP的比例已经达到世界第一，未来该怎么办？

在目前投资过剩的情况下，只能在充分吸收过去的过剩产能后，国家经济才能轻装上阵。

我在这里说的产能过剩、投资需求不足，是指国内有限的购买力导致的需求不足。为何国内需求跟不上产能的增长？是收入分配失衡导致的。

政府和企业手上有了钱，这不利于消费，而是有利于投资，当然，公务员大规模购买茅台酒和出国购车什么的不算。

政府收入占国民经济的比重，从1996年的12%上升到了2011年的32%，还没有包括其他的预算外收入，如果包括，则还要高。政府收入占GDP的比例已经回到了20世纪80时代的计划经济时代了！

这些问题，不是宏观政策能够解决的。当一个人有肿瘤时，补充营养是不行的，必须先做手术。

二、四万亿 1.0，四万亿 2.0，四万亿 3.0

有一个很好的指数，叫作克强指数，主要是参考发电量、铁路货运量来看经济状况。现在看来，克强指数远比GDP靠谱。

克强指数显示，V型深沟就是2009年的金融危机，拉起来后就是四万亿。

我之前认为，二次探底是一定会出现的，果然就是在2013年上半年，克强指数跌到谷底，然后下半年开始向上，谁也不知道，经济居然又掉头向下。

国内的二度货币宽松政策再次忽视了结构性问题，辅之以短期需求拉升，就一定会有三次探底。这个三次探底就在2014年下半年，下半年会比2013年的上半年还差！

现在经济下行的趋势非常明显，市场上又开始憧憬，憧憬四万亿

3.0。看看1.0的作用、2.0的作用，那么3.0有什么作用？

而且中央政府已经表态，不会出台新的拉动内需的政策。因为刺激性政策会带来很多不良后果，政府从过去几年里也学到了一些东西，尽管学习速度很慢，但看到了1.0带来的危害，看到了2.0仅仅维持了一两个季度，所以非常慎重。

我认为政府不会推出3.0，就算3.0出台了，又如何呢？小小反弹一下，再次掉头向下。

所以，企业家朋友们不要将注意力放在3.0何时出台上，而是要聚焦在自己的领域，聚焦在自己的投资上，这些政策都不可能扭转中国经济的下行。

三、扭转经济衰退的办法就是结构性改革

既然病症是结构性带来的，那就只有进行结构性调整，才能把这些结构性失衡纠正过来。什么叫作结构性调整？能达到什么效果？我们看看国际上——美国和欧洲一些国家的例子。

金融危机的根本原因是过度借债、资本负债比失衡。西方国家经济存在的严重的结构性问题都是过度借债。

1. 美国的债务集中在家庭部门，借钱太多，收入偿还不了借的钱

月供支付不了，家庭就破产，银行就拿走房子拍卖。当很多拍卖出现时，房地产价格暴跌，银行资产价格下降，银行倒闭。

我本人对美国经济是看好的，很多人问我投资什么，我说买美国股票，买美国资产。

2. 欧洲的处理方法

欧洲也是在2009年贷款余额/GDP达到最高，但是金融危机以后，欧洲的负债率到现在还没有下来，为什么？

资本主义是以资为本，就是谁出钱谁是老大，资金的所有者是老大。借钱就要支付利息，不然就拍卖，迫使你还钱。只有这样，市场机制才能发挥作用。这个过程冷冰冰的，但是不这样做，就会拖垮银行。实际上，美国已经倒闭了几十家银行，几十万个家庭破产，失去了自己的房子。

2013年，我去美国，想买房子抄个底，找了个中介看二手房。进去一看，房子没有上锁；去厨房一看，没有吊灯；去洗手间一看，马桶没有了。为什么马桶没有了？原来主人走的时候把马桶搬走了，50多美元一个的。为什么会这样？因为房东心里有气。按揭支付不了，银行收他的房子，不上缴房子警察就上门，所以他有气。

欧洲是"社会主义"，以人为本。实际上，不是真正的以人为本。在欧洲租赁一套房子，如果我支付不了房租，不像在美国会立马被赶出去，而是会给我几个月的宽限期。借款违约，也不能立即收我的房子，必须先给我找到一处住处，否则不行。银行如果不能拿到房子拍卖，坏账就会上升；银行如果倒闭，储蓄客户的利益就会损失。

只有迅速地处理坏账，才能拯救银行，才能拯救储蓄客户，才是以人为本。

3. 美国找到了经济的新增长点

是灵活的市场机制创造出美国经济的新增长点。（1）以加州为代表的创新企业的重新涌现，持续创新能力；（2）以得州为代表的旧能源产业的新生页岩气的开采成本大幅下降，比世界上低30%；（3）制造业回流。

美国企业不在中国扩大投资了，在中国的企业继续经营。不在中国扩大投资了，新的投资在哪里？回到美国去了。为什么？因为美国的能源成本比中国低，虽然美国的人工贵，但没有之前差距这么大。

我想表达的是，这些新的增长点不是政府规划的结果，而是市场竞争造成的结果。

我并不知道中国未来的新增长点是什么，但我知道的是，如果我们把市场放开，如果我们取消了市场管制，新的市场增长点自然会涌现出来

经济结构调整应关注四大产业

魏 杰
清华大学教授、博士生导师，清华大学中国经济研究中心主任

本轮经济结构调整主要波及十七个产业，最主要的是四大产业。

第一个产业是房地产业。这次的结构调整，房地产将走向常态化，作为未来中国产业结构的重要组成部分，对我们未来的产业贡献是10%左右。这次调整的重要任务是使房地产由非常态转向常态化，那么怎样调整才能完成这次转变呢？

从最高决策层到企业界逐渐达成了共识，这次调整的重要问题是搞清楚到底哪些归政府管，哪些归市场管。如果搞不清楚，政府还会像过去一样干预应该由市场调整的东西。只有把政府和市场各自的职责厘清，才能完成转变。

政府和市场分别是什么职责呢？房地产业涉及消费投资，政府的主要职责就是建设保障性住房。总结了三条原则：

第一条原则，保障性住房是社会保障的组成部分，因此，保障性住房不可能面积太大，也不应该面积过大，这条原则必须坚持。

第二条原则，建设保障性住房用的是纳税人的钱，而纳税人的钱是有限的，因此，保障性住房的建设必须循序渐进。我们不可能在一两年内解决所有人的保障性住房需要，要谨防"大跃进"式地搞。

第三条原则，保障性住房是社会保障的组成部分，未来的主要方向是价格相对较低，不是市场概念。

这三条原则已经获得了最高决策层和企业界的共识，一定要坚持。

剩下的房地产业都与市场结合，由市场来调节，政府不再管。由市场来调节的话，市场的两个经济规律就必然起作用。

第一个市场规律是供求关系规律，即价格由市场来调节。2014年中国房价会出现结构性的变动，房价可能出现回落的情况，这就是供求关系变化的反映。

有些城市房价长期看来不会跌，因为其房价和成本本身差不多，而且房价不是由成本决定的，是由供求关系决定的。对此我们要做好思想准备，比如人口净流出城市，未来我们就要面对这个问题。最近我们研究了中国70个城市房地产的供求关系，当然这远远不够，应该研究200个城市。对于供不应求的城市，我估计房价还会涨。一旦市场规律起作用，房地产价格一定会出现结构性变动。

我们既要关注价格上涨的问题，也要关注价格回落的问题，这对某个具体城市来说是很大的问题。

第二个市场规律是价格规律，房价高不高不能只看房价本身，而是由购买人的收入决定的。这就会导致不同种类房子的价格波动，有的房子价格会涨，有的会跌。现在中国所有的阶层已经转向了消费化，过去开发商拿地时有规定必须建多大面积，这种规定会逐步取消。

可以看到，率先起作用的就是这两大市场规律，所以有的地方会继续涨，有的地方会继续降。最近房地产界评了十大豪盘，从1月份到现在竟然销售了100多套，而且价格还在涨。这就是市场在起作用，而不是房价本身起作用。

我们估计，这两个规律2014年一旦起作用，就会出问题，就开始挤泡沫了。市场本身有挤泡沫的过程，挤泡沫没问题，但是房价、地价都有泡沫，挤哪个比较合理？这里面就有成本高低的问题，哪一种成本更低，还需要思考。

现在房地产商不怕房价下跌，因为他们知道泡沫会慢慢地挤破，他们最怕的是地价下跌，因为地价一跌，马上就崩盘了。原来他们拿地，楼面价是一平方米7000多元，如果现在旁边有的地楼面价只要3000多元，这就有问题了。中国香港的房地产界提出三年不供地，是有道理的。房地产的泡沫到底应该怎么挤破？一下子崩盘肯定比慢慢挤泡沫要可怕。

因此，要度过这个调整期，恐怕地方政府应该起到重要作用，因为政府过去有参与过度的问题。要看一些地方能不能停止供地，比如三四年内不让土地上市。像温州的房价跌了很多，拦腰斩断也没事，因为那里供地基本停止了。

这些都是新问题，而我们国家对房地产泡沫的处理经验并不够多，而且我国的房地产泡沫和西方的不同，背后更多的是政府原因，而且涉及金融问题、银行问题。比如，最近暴露出的案子，涉及建行12亿元借贷、浦发7亿元借贷，而民间借贷超过7亿元，这种状况是我们不想看到的。

房价如果能够慢慢地降，就会比地价一下降下来的冲击要来得轻一点。其实，地价降得差不多了，界限是2012年的7月份，之后地价逐渐进入常态，根据房价与地价的比例，大致可以知道下一步该怎么做。我建议房地产界的同志多关注当下人们的思想，会有所帮助。

第二个变化比较大的产业是战略性新兴产业。未来产业结构的技术含量，主要体现在战略性新兴产业上。总体提法是大力发展战略性新兴产业，国务院提了七个要点：

第一个是新能源，非化学原料即是新能源。

第二个是新材料，就是复合材料。

第三个是信息技术。

第四个是生命生物工程，包括对人们意识的剖析和基因研究。

第五个是节能环保。我们都知道节能环保的重要意义，最近研究发现，现在企业投资的1/3不是用于生产本身，而是用在环境保护上，所以需要靠节能环保技术来推动发展。

第六个是新能源汽车，像电动汽车。

第七个是高端装备制造。

国务院的这七个要点代表了未来产业的主要发展方向。怎么调整这些产业？关键是技术创新。可以说产业的发展和调整主要依赖于技术创新，比如，液压器技术的进步对我们国家光伏和煤炭行业的影响很大。

再如，2010年行业报告认为，电动汽车在中短期没有投资价值，而现在情况有所变化。过去电动汽车的速度提不起来，最高时速仅为30公里，而且充一次电最多只能跑70公里。从2012年开始，电动汽车的技术实现了突破，现在速度可以达到每小时200公里以上，而且充一次电可以跑400公里（如果跑800公里，就和燃油汽车差不多了），如果充一次电只要5分钟左右，就可能有很大的发展。最近研究发现，电动汽车在中短期也有投资价值，原因就是背后的技术发展。

最近我们搜集整理了支持这7个要点的技术，包括13项具有颠覆性的技术，还搞了一个关于这些新技术成功的时间表。按照行业内的判断，这些技术在2030年之前都可能成为现实，这对产业的影响将是巨大的。中国的企业界应该看到产业结构落后会导致的状况，这是未来发展中非常关键的问题。

有些企业对此比较重视，看到了调整之后会有很大的利益。比如新材料方面，动作最快的是浙江宁波的一部分企业，那里有新材料试验区，做得很不错。

第三个产业是服务业，它是这次结构调整中很重要的一个产业。

服务业在产业中的比重直接影响一个国家服务的水平，既能决定国家产业结构的档次，也是吸纳就业的最重要的产业，需要我们做出准确的判断。

最近，我们在对服务业的调研中把中国的服务业分为四大类，其中一类是消费服务，主要包括餐饮、商贸、养老消费、信息消费，在统计上这是独立的一部分。

消费服务以人口为基础，中国是人口大国，所以发展空间是很大的。但是，我们发现消费服务最近出现了问题，商业模式出现剧烈变动，大中城市的商业中心开始走向衰亡。背后有两个主要原因：第一个是技术原因，就是互联网技术带来的网上购物的冲击；第二个是经济原因，一家企业不是为所有阶层服务，只是为某个阶层服务，有的企业从以营销为中心转向以客户为中心，就是这个原因。在未来的商业模式中，超市就是专门店，就是为某个阶层服务的店面。

2013年7月份我去台湾地区，民进党的干部问我，"我们在成都搞的百货店倒闭了，是不是你们给弄倒闭的？"我说是因为发生了调整。消费服务在未来一年左右，还将处于商业模式剧烈调整的过程中，这个过程既是机遇也是挑战。这种机遇和挑战会带来什么状况，最近我们有几个人在研究，目前看来这个调整可能是一件好事。

第四个产业是制造业。一个是传统制造业，另一个是轻工业和传统重化工业。像食品、纺织、家装等属于传统制造业，有一个大问题是产能过剩，已经基本涉及整个行业。怎么解决这个问题呢？怎么扭转过来？

调查发现，现在有两种企业是很典型的，一种是负债很高的企业，往往很麻烦，暴露出一些金融风险。最近所谓的饼干大佬，一出问题，三亿元就没了，因为它负债很高，没办法调整。我们统计了一下，这种企业占到传统制造业的17%左右，对银行有很大的冲击。银行在未来肯定也有风险，利润一定会处于下降的状态。第二种企业收入比例不高，负债也不高，这种企业冲击的是就业，一旦调整了，就会导致就业难的问题，以后中国的就业问题会逐渐暴露出来。在长三角和珠三角，这样的县级企业很多。我们调查过一家有400多人就业的印礼品的企业，因为现在不准政府间送贺年卡了，所以它基本上算倒闭了，银行的债务有5000多万元。这些企业一部分会冲击金融，一部分会冲击就业。

我对2014年的整体形势并不持太乐观的态度，不能改变2013年11月份的判断。我认为产能过剩这个问题会越来越严重，要用三五年才能解决。

城镇化或城镇神化

许小年

中欧国际工商学院经济学与金融学教授

翻开近期的报刊，"城镇化"无疑是使用频率极高的一个词。

在传统经济增长模式的潜力行将耗尽之际，"有效需求不足"的凯恩斯幽灵笼罩着中国经济。在过剩产能的沉重压力下，企业再也不敢扩张投资规模；各级政府虽然仍在无效项目上浪费资源，但财政和银行已捉襟见肘，难以为继；雪上加霜的是外需疲软，经济增长的前景昏暗得如首都的雾霾，令人看不到希望。

忽然间，地平线上出现一道曙光——城镇化！据说，城镇化将拉动基础设施投资40万亿元，相当于2012年GDP的80%；据说，城镇化将从根本上扭转长期以来的投资—消费失衡，因为城镇居民的人均消费是农村的三倍。忽然间，不必推动改革就可拉动需求了；忽然间，不必触动复杂利益关系即可调整结构了。据说，只要抓住城镇化这一环，中国经济就将以8%的速度至少再增长20年!

怎么早没想到这招儿呢?是前人太过平庸,还是今人智慧超群?

市场化的结果而非政策工具

先让我们看看历史吧。读史未必使人聪明,忽视历史却是不可饶恕的愚蠢。

改革开放30多年至今,我们可记得什么时候搞过城镇化的规划?可曾制定过什么样的城镇化政策?从来就没有。没有宏伟蓝图,没有统筹兼顾,没有配套政策,没有资金安排,甚至连试点推广都没有,不知不觉中,城镇化率就从1978年的18%上升到2012年的53%。即使扣除进城不落户的农民工,城镇化率也达到了35%左右。

城镇化的提高并非来自政府主动的和有意识的推动,而是城乡社会、经济、市场、产业和文化发展的自然结果,就像小孩子的身高是自然生长的结果,而不是家长调控的变量。家长可以提供营养,但不能打鸡血、喂激素,操控孩子的生长过程。同理,政府也不应该自己动手,圈地迁人,按图造城,而应该并且只能是营造有利于城镇化的法律和政策环境。

回顾过去的历史,对我国城镇化贡献最大的,当属农业改革和民营经济的发展壮大。20世纪70年代末,我们解散了人民公社,打破了僵硬的计划体制,长期束缚在故乡和故土上的宝贵生产要素——劳动力开始自由流动,经过乡村副业和乡镇企业,最终进入了城镇工商业和服务业。

农村改革的意义不仅在于为城镇经济提供低成本的劳动力,还在于农业剩余的大幅度增加。古往今来,世界上城市扩张的制约因素都是农业剩余,即农业产出减去维持农村人口自身所需后的剩余。我国明、清时期的城市规模小于前代的宋朝，原因就是明末的人口爆炸，在农业生产效率基本不变的情况下，可供城市人口消费的粮食减少，导致城市规模萎缩。新中国成立后实行至今的户籍制度，其初衷和在相当长的时间内也是限制城镇人口的增长，缓解粮食供应的压力。

农业改革彻底打破了城市扩张的这个瓶颈制约因素，"包产到户"从根本上改变了农民的激励机制，集体经济的"大锅饭"让位于真正的按劳分配，"多劳多得"提高了农民的生产积极性。单位土地产出随之增加，在短短几年内就解决了城镇的粮食和副食供应问题，为城镇的发展奠定了坚实的基础。

生产效率的提高使农村劳动力变为多余。幸好我们在20世纪80年代中期启动了城镇经济改革，快速增长的民营企业及时吸纳了农村的富余劳动力，而民营企业的发展又得益于国有经济的改革与收缩。国有企业从竞争性行业中退出，释放出原材料、能源、机器设备，民营企业由此在市场上获得了生产所需的投入品。在这个资源从农村到城镇、从国有到民营的重新配置过程中，既没有政府规划，也没有政策扶持和指导。政府做的只是打破计划体制，一只"看不见的手"——市场无声无息而又有效地组织和协调了城镇的经济活动，价格信号指导了城乡资源的流动与组合。这里所说的价格信号不仅指企业投入和产出品的价格，而且包括资本回报率和工人工资等生产要素价格。

在价格信号的指导下，资源必然流向更有效的地方。企业追求资本回报最大化，力图实现成本最小的投入品组合。这导致投入品的有效利用；追求收入最大化，农民一定会寻找最适合自己的工作，这意味着劳动力的有效使用。

改革开放以来，经济高速增长的根本原因就在于以市场为基础的资源重新配置。自利的企业和个人无意中提高了社会资源配置的效率，也在无意中提高了城镇化的程度。"无心插柳柳成荫"，迄今为止的城镇化是谁也没有、也不可能预料到的一个结果。政府过去做的和今后应该做的是促进资源的自由流动，或者更现实一点讲，起码不要为资源的市场化配置制造障碍。

就政府的作用而言，回顾"傻子瓜子"事件是非常有意义的。设想当初若无小平同志的过问，依照地方政府的意见，以"走资本主义道路"为名将民营企业家投入监狱，民营企业就无法生存，而没有民营企业，进城的农民到哪里去就业呢？那时的国有企业因效率低下，处于停滞和萎缩状态，而且没有计划指标，不能擅自雇人。如果没有那时的民企创造足够的就业机会，今天的城镇化率又会是多少呢？

改革解放了资源和生产要素，资源与生产要素的自由流动导致城镇化水平的提高。随着企业与人口集中到城镇地区，聚集效应越来越显著，城镇经济的效率进一步提高，而产生聚集效应的，依然是那只"看不见的手"。

城镇的聚集效应

城镇与农村的区别在于聚集程度，在人口密集的城镇中，至少可以产生下列几项效应。

1. **规模经济效应**。企业的总成本中有一部分是固定不变的，例如厂房、设备、办公楼等。企业的产量越大，分摊到单位产出上的固定成本就越低，产品的平均成本也就越低，钢铁、汽车等资本密集型行业都有很强的规模经济效应。由于需要众多的员工，大型企业不可能建在农村，只能设在人口稠密的城镇地区，城镇因此具有规模经济效应。

2. **社会分工效应**。早在200多年前，亚当·斯密就以现实中的扣针生产为例，说明专业化分工可以大幅度提高生产效率。如果将扣针的生产过程分解为下料、成型、磨尖、钻孔、抛光等几道工序，和一个工人从事所有的加工相比，每人只负责一道工序，可增加产量数千倍。在长期的专业化工作中，技工积累了知识，不断改进操作技巧，其效率远远超过样样都干而无一精通的多面手。不仅如此，将复杂的生产过程分解为简单的工序有利于机器的应用。制造能够完成所有工序的机器，不仅设计难度大，而且成本也会很高，在单个操作工序上实现机械化就容易得多。如同企业内部的分工，社会上企业之间的分工也可带来效率的提高。

不言而喻，企业内部的分工以工人聚集在工厂为前提，而社会上的专业化分工则需要工厂在某一地区内的聚集。毫不奇怪，历史上最早的一批工厂诞生在城市，城市的扩张又为更大规模企业的出现创造了条件。

3. **节省交易成本**。人口和企业的聚集缩短了企业和消费者之间、企业和企业之间的距离，降低了交通运输成本。更为重要的是，信息汇集和传递的速度在城镇地区大大加快，便利了社会的分工与协作，企业更容易发现协作厂家、客户以及所需要的资源与生产要素。另一方面，资本、土地和劳动力也更容易找到有效的用途，从而获得更高的回报。

4. **技术溢出效应**。企业与人口的聚集有助于新技术、新生产方式和商业模式的模仿与扩散，经济学中统称为"广义的技术溢出效应"。在我国东南沿海，可以看到相似产品和企业扎堆集中在某些区域，形成"打火机之乡""皮具之乡""电器之乡"等各具特色的产业带，这就是溢出效应的具体体现。

5. **启发和激发创新**。人多了聚在一起，为思想的碰撞创造了机会，在相互启发和激发中产生新想法、新主意，产生创新的最初火花。创新的三要素为思想、研发和融资，分别对应高校、企业和投资基金，这三个创新的主体也聚集在城市。三者之间的密切交流与频繁互动是创新成功的必要条件，城市因此成为创新的基地和创新企业的摇篮。

我们再次强调，实现聚集效应的主体是企业和城乡居民，而不是政府官员，因为官员没有积极性，也不可能掌握这么详尽的信息，他们不知道哪些企业具有规模效益，不知道企业之间应该怎样分工和协作，不知道哪些企业需要什么资源才能创新成功，他们也不知道农民进城后到哪里工作才能安居乐业。这些效应是企业与个人在自身利益驱使下，由价格信号指导，经历无数次试错，通过市场上的自愿交易而实现的。

需要指出的是，由于需求和技术的不断变动，今天的资源最优组合和最佳聚集效应到明天就可能是低效甚至无效的了。企业和个人必须根据变化了的形势不断地调整资源组合与博弈策略，这些实时并且往往是随机的调整更不是官员所能预见和操作的。硬要规划不可预见的未来，结果只能是空话和废话。

这当然不是说政府无所作为。从上面的分析可以清楚地看出，政府的职责是：（1）放松管制，减少干预，促进资源的自由流动；（2）公正执法，保障市场自愿交易的顺利进行；（3）提供市场供应不足的公共产品与公共服务。围绕这三项职能，我们简要讨论几个和城镇化相关的改革问题。

若干具体的改革

1. **取消户籍制度，让农民工享有与城镇居民同样的社会保障和社会服务**。由此而产生的公共设施与服务的投资需求，通过财政改革解决，不能以地方财政难以承受为名，继续保持歧视性的户籍制度，阻碍劳动力的流动。

2. **推进土地制度改革**。从确认农民土地权利入手，允许集体土地直接进入市场，取消剥夺农民的征地环节，废除"18亿亩耕地红线"，打破政府垄断，建立个人、集体、法人和政府多方参与的土地一级市场。这项改革不仅可增加土地供应，降低城镇房价，有助于城镇职工安家，而且将土地增值的一部分收益从政府转移到农民手中，使他们有可能在城里租房、买房，进入并且真正融入城镇的经济与社会。目前已有一些地方进行了改革试点，要想在全国范围内推广，就必须平衡已经相当紧张的地方财政，否则就有可能因土地收入的减少而引发地方性的财政危机。

3. **以节流和强化民众监督为主，平衡各级政府的财政预算**。财政改革的重点不是中央和地方如何分钱，而是政府和民众如何分钱，民众如何监督政府花钱。地方财政日益依赖土地收入，主要原因不是收入减少，而是支出膨胀乃至失控。20世纪90年代中期实行分税制后，地方政府作为一个整体，收入并没有减少，但支出特别是投资和人员薪金的支出急剧增加，造成今天的尴尬局面。大致而言，预算内收入仅够养人，投资主要靠卖地收入。若不削减开支，强化对开支的监督和制衡，再开发多少财源也不够用，况且开源势必增加企业和民众负担。

4. **减少和解除管制，取消对资源自由流动的行政性限制**。一方面，放松对银行和金融市场的管制，金融机构可根据收益和风险平衡的原则自行参与城镇化建设，政府以利息补贴等方式适当引导；另一方面，开放服务业和国有垄断行业，允许资源和生产要素自由流入，创造更多的城镇就业机会。

5. **广泛吸收各种民间资金，在政府的主持下建设公共设施，提供公共服务**。例如，低成本医院、中小学校、城市街道和公交，以及少量的廉租房。未来城镇民众的居住主要靠市场解决，而无法将希望寄托在政府大包大揽的保障房上。政府既无足够的资金和管理能力，也不可能预见人口流动的方向和聚集地点。保障房很可能建成没人住，而有人愿意去住的，又可能在行政性分配过程中产生大量寻租腐败。不要用新加坡或中国香港作为保障房方案的依据，几百万人和上亿人的住房供应完全不是一个概念。除了规模小、管理难度低，廉洁的政府也是新加坡、中国香港模式的必要条件，对此我们要有自知之明。

6. **取消城市的行政级别，停止按行政级别分配公共资源，避免在**

城镇化的过程中出现超大城市。人口向首都等大城市集中的一个原因是优惠的公共资源，例如学校和医院。

7. **探索新型的城市治理方式和管理体制，新体制的核心是市民广泛而积极的参与，以及行政管理的公开和透明。**没有民众的监督与制衡，地方财政预算难以平衡，官员腐败和环境污染等社会公害就是不治之症。在新型的城市治理机制下，政府的职能不再是经济建设，而应转向以提供公共设施和社会服务为主。

资源在市场上的自由流动形成城镇，城镇聚集效应在市场上得到实现，或许用"城市化"这个词能够比"城镇化"更好地表达我想要传递的信息。城市由"城"和"市"组成，"市"为效率的源泉和增长的动力，"城"是经济发展的结果。当然，反过来"城"也促进"市"的扩大与效率的进一步提高。"市"的主角是企业和个人，政府仅仅是"城"的守夜人。只讲"城"不讲"市"，就抽掉了城镇化的精髓。依靠没有"市"的"城"维持经济增长，那是将城镇神化，一个美好却无法实现的城镇神话。

第四篇

改革试验田

京津冀一体化中的投资机会

徐有俊

申银万国证券研究所宏观经济分析师

京津冀一体化协同发展离不开区域间的现代制造业、现代服务业以及新兴战略产业的承接转移，在加快落实新型城镇化规划、大力发展中西部和振兴东北老工业基地，发展"一带一路"的背景下，京津冀的推进带来了众多投资机会。

目前，京津冀已经形成了梯队产业发展模式：北京作为政治经济中心，着力发展文化、旅游、行政管理、商业服务业等；天津作为港口城市，主要发展对外贸易、物资交流、制造业、工业产品加工产业等；河北地区则以农业、重工业和制造业为主。

北京作为知识创新区域，可以输出产业、技术、研发；天津作为生产制造区域，对北京提供工业产品和高技术产品，对河北提供相应的技术和产业；河北作为加工资源区域，向北京和天津提供资源、劳动力和初级产品、农副产品等。

在新型城镇化和区域协调发展加速推进的背景下，京津冀的产业分工和承接转移中，铁路轨交、生态环境保护、新能源开发利用、地产、社会保障和养老产业、国有企业改革以及社会服务业将面临新的投资机会。

1. 铁路轨交建设

铁路轨交建设对区域间的重构起到积极的作用，在乡村、城乡、城际和区域经济关系中，它经历雏形、强化和调整三个逐步提升的过程。当前，京津冀的铁路轨交建设处在强化和调整阶段，对城市和区域间的经济结构调整、产业转移和人口流动起到加强作用，并推动区域间分工合作的一体化发展。

方便快捷的城乡劳动力流动可以有效降低城镇化形成成本，增强已有城镇的竞争力。以武广高速铁路为例，高铁开通后，沿线各地政府纷纷推出投资优惠政策以吸引外来资金，仅2010年前3个月，湖南省就承接了402个区域转移项目，预计为当地带来了近5万多个就业机会。铁路缩短了城际间的空间距离，超越了传统地域的限制。

京津冀共建区域交通基础设施步伐加快，三地交通逐步实现全面大对接，区域立体化交通时代已经到来。京津城际铁路、京津高速和京蓟高速，拉近了北京与天津的时空距离。京承高速、国道110、京包高速，国道108、111提级改造，河北省境内张石高速建成，构成北京大外环的密涿、张涿、京化、张承等高速公路抓紧推进，京广高铁建成通车，使北京与河北一体化的条件逐步成熟。

目前，河北境内有京广、京山、津浦、石太、石德、京包、京秦、京原等15条铁路干线，河北省还将着力推进高速铁路、城际铁路、疏港铁路和重要货运专线通道铁路建设，规划将重点构建环绕省会石家庄、京津和环渤海区域，连通河北主要城市的京津冀城际轨道交通网，以及连通周边省会城市的快速客运铁路网。到"十二五"末，预计将实现所有区市通高速铁路，形成以省会石家庄为中心的"两小时交通圈"和环北京的"一小时交通圈"。

在京津冀范围内，京津城际铁路开通后，沿线11个城区中，有多个城区的政府部门出台和调整了各地的城市发展规划。"十二五"规划中，城际快速客运网建设成为重点，在铁路运输引导区域经济一体化的深入阶段，这将助力区域城镇化的发展。

2. 生态环境保护

雾霾、水资源污染等问题一直困扰着我国大部分地区，对京津冀来讲，污染尤为严重，京津冀区域内加快生态文明建设已成为当务之急。

未来随着考核评价机制的改变、市场化的交易方式的开展等多项生态文明制度的落实，京津冀区域对生态文明的建设将会进一步加强。与几个重点城市相比，京津冀的空气质量要明显差于珠三角、长三角甚至西部地区，在一定程度上表明了京津冀区域内部经济依赖重工业的发展，天津和河北的重化工业同质发展就很能说明这一问题。此外，对区域内部的污染防控能力也较为薄弱。

津冀高排带动京津冀地区空气污染，主要是由以煤炭消费为主的能源结构和以高能耗工业为主的产业结构引起的，随着国务院颁布的《大气污染防治行动计划》，未来不仅会对大气污染进行治理，同时还会加快对水资源、土地污染、海洋污染的治理。

京津冀生态环境保护还必须与优化能源结构相结合，降低化石能源的占比，提高其利用效率，促进新能源的发展和使用。预计加快推进京津冀一体化协同发展时，新能源产业、节能产业、环保产业、循环产业、生态修复产业、生态农业将获得新的投资机会。

3. 新能源开发利用

随着气候问题和能源危机的加剧，新能源和可再生能源将取代化石燃料成为经济发展的基础，尤其是京津冀以重化工业为主要产业的区域更是面临着产业结构的调整，被迫加大新能源的开发利用力度。

未来，包括京津冀在内的我国工业城市将全面涉及能源结构、产业结构、生产工艺、国际标准、消费文化、居民意识的社会生产和消费变革。这种变革势必将带来新能源的开发利用，发展绿色、低碳科技产业。

京津冀区域作为我国重要的经济增长极，其发展模式也必然要从高投入、高能耗、高排放、高污染的粗放型不可持续的发展模式向低投入、低能耗、低碳低排放、低污染的集约型发展模式转变，京津冀产业低碳化升级就显得尤为重要。

加强和完善区域内部煤炭供应体系，提高区域煤炭安全保障功能；加快电源网络建设和改造，开发区域太阳能、风能等资源，构建以火电为主，以太阳电、风电、核电为补充的区域电力安全保证体系；强化天津、曹妃甸港口石油天然气卸载、储备设施以及跨区域输气输油管道的建设能力，提升区域内石油天然气供应保障能力。

重点加强京津冀三地区在能源保障领域的分工协作：北京主要负责能源综合利用与高效利用技术、新能源技术与可再生能源利用等领域的研发与示范；天津重点加强渤海油田和大港油田的勘探开发，加快滨海电源点建设与现有电源点的扩张改造，加快高能耗产业的节能改造；河北省则重点加强区域内部一次能源与二次能源的基地建设，开发太阳能、地热能、风能、核能等新能源，提升区域内天然气输送、煤炭运输、石油进口设备与区域内均衡输送能力。

4. 地产、保障房和棚户区改造

北京作为首都，对全国人口有着巨大的吸引力，2013年北京人口数量比2000年增加了758万人，升至2115万人，年均增加58.3万人。而常住人口中，外来人口是其主要构成部分。

随着京津冀城市群的加快推进，"一小时经济圈"的打造将大大缩短主要中心城市间的距离。交通便利、产业转移带来新的工作机会，以及相关基础设施配套逐渐完善，将带动中心城市周边地区的人口增多，具有行业支持的城镇化建设将带动房地产市场的发展，增大居民消费，从而改变过去由投资驱动增长的路径。

京津冀一体化将从三个方面影响房地产市场的需求。首先，城镇化率的提升带来的城镇人口增加，目前京津冀城市化率水平仅为59%，而长三角、珠三角均超过了67%。其次，人口从外部迁入：随着京津冀的发展和推进，非本区域人口的进入将会更加频繁，我们预计整体人口的增长率在1.5%左右。最后，居民收入的提升带来的购买力提升和改善性需求的增加。

2014年房地产政策已经在放松，政策最大的变化在于从一刀切转向分类调控和双向调控，预计这一政策仍将延续。国家将着重对刚需住房进行支持，而抑制打击投机性住房，对不同的需求进行调控。

保障房和棚户区改造作为惠及民生的重点工作，一直被政府所重视，2014年国家增大了对保障房的投入。2014年保障房计划开工700万套，比2013年增加100万套；保障房计划建成480万套，比2013年增加10万套；棚户区计划改造370万套，比2013年增加66万套。

媒体报道京津冀三地2014年新建保障性住房总量将超过2500万平方米，基础投入超过700亿元人民币。河北全省2014年全年将开工建设保障房和棚户区改造20万套，所有项目都将在10月底前办齐手续并开工。北京全年将建设保障性住房7万套，天津则计划全年开工建设保障性住房800万平方米。未来，随着公租房、廉租房的并轨以及共有产权房的试点推广，仍有望在保障房和棚户区改造上加大力度。

5. 社会保障、养老产业

京津冀城市圈的加速推进将推动社会保障事业和养老产业的发展。交通的便利缩短了周边城市与中心城市的距离，随着人口老龄化以及收入的提高，城市内部的人口可以分散至周边小型城市居住，既可以带动当地增加医疗资源、交通、通信、市政公用等设施建设，解决住房压力问题，同时也能够提升自身的生活质量。

以医疗发展为例，未来北京和天津将共同推进建立两地间的医保关系无障碍转移和就诊保险相认制度，加快网络平台建设，推动异地就医直接结算，从根本上解决社会医疗保障的难题。

加快推进养老产业的发展，对培养京津冀新的经济增长点和消费热点、促进就业以及拉动内需具有重要意义。借鉴美国和日本的养老产业发展模式，我国未来会大力鼓励发展民间养老机构，带动国内养老产业的发展。甚至可以发展新的养老模式，让中心城市比如北京、天津的老人将房屋抵押给保险公司，将所得资金用于在周边小城市租房、消费。

6. 国有企业改革

京津冀区域内国有企业众多，自从十八届三中全会明确要求深化国有企业改革后，地方政府对国有企业改革进行了积极探索。已有广东、贵州、青海、西藏等地出台了系统推进国有企业改革和国有资产监管工作的政策文件，新一轮国有企业改革"箭在弦上"。

对全国来讲，只有深化国资改革，破除垄断，才能为民间经济发展腾出空间。同时，在土地财政之后急需寻找新的财源，盘活存量国资是一个现实的选择。

京津冀区域内国有企业主要存在证券化率水平低的问题，企业同质发展现象严重，导致资源过于分散，企业竞争力水平降低。

京津冀的主导产业主要集中在钢铁、化工、采掘、黑色金属、交通运输、交运设备等领域，与地方上市国有企业行业分布类似，主要是一般竞争性的行业。因此，假如要改革，我们会看到京津冀地方政府的改革动作会大于中央。

新一轮京津冀国有企业改革的重心将放在促进转型升级，加快淘汰高能耗、高污染、低水平的落后产能，提升传统产业中的先进产能比重，将战略性产业做大做强，加快竞争性企业的兼并重组，促进传统产业向产业链、价值链的高端延伸。

改革将以完善产业链和优势互补原则，进行跨区域、跨所有制的重组整合，大力推进企业内部的资源整合，并发挥证券市场、产权市场的作用，推动上市公司资源整合、改制重组，加快处理低效、无效资产，培育主导业务突出、核心竞争力强的大型企业集团。

7. 社会服务业

国家战略主导下的京津冀合作，给了三大区域新的定位。北京、天津的新定位除了向外转出实体生产产业，比如工业、制造业等，同时会将部分批发物流、医疗、行政以及事业单位、科研院所、高校，甚至部分军队机关配套外迁，疏解非首都核心功能的将成为产业承接的重点。

河北的城镇化规划也明确提出，河北省保定市将承接首都部分行政事业单位、高等院校、科研院所和医疗养老等功能的疏解；河北省廊坊市将建成京津冀协同发展的先行区和示范区，这为河北、北京和天津周边地方以生态、智能、休闲、商务为发展方向，发展社会服务业和战略新兴产业提供了良好的平台。

以通州为例，通州在推动京津冀协同发展中处于桥头堡位置，在其调整、疏解非首都核心功能的同时，将吸纳、发展"高精尖"产业，对商务办公、会议展览、文化娱乐、商业餐饮等产业有着很大的吸引力，这将拓宽并补充北京中心城功能，驱动地区经济发展和产业升级。

上海自贸区金融自由化之路

林采宜

国泰君安证券首席经济学家

如果说20年前的深圳特区是市场经济的一块试验田，那么今天的上海自贸区则是金融自由化的一块试验田。随着经常项目的开放和中国加入世贸组织，贸易自由化已然成为经济事实，下一块"改革开放试验田"要推动的必然是与贸易自由化相配套的金融自由化。

加入世贸组织以来，中国的商品经济在不断提高的外贸依存度下逐渐和国际接轨，成为国际分工版图上的一个有机构成部分。十八届三中全会开启的新一轮对外开放，核心要义在于金融开放，通过开放资本项目下的人民币可兑换，建立离岸金融中心，来促进国内外金融市场的逐渐接轨，推动人民币国际化，是中国进一步提高大国地位、增强国际影响力的必举之棋。

作为中国深化经济体制改革的有机组成部分，上海自贸区本质上是金融体制改革开放的试验田。然而，上海自贸区的金融开放能走多远，是否能成为中国金融自由化的起点？自贸区挂牌四个月以来，这个疑虑越来越深。

离岸金融的发展是自贸区成功的必要前提

从国际主要自由贸易港的实践来看，成为国际离岸金融贸易中心一般需要具备三个条件：第一，超国界的货物自由进出；第二，放开行业与经营方式限制前提下的投资自由；第三，以外汇自由兑换与资本跨境自由流动为基础的金融自由化。从这个角度来看，上海自贸区能否成为一个真正的国际自由贸易港主要取决于后面两个条件。

在这里，"自由贸易"所引发的商贸物流只是表象，更深层次的政策突破将落在金融自由化上，包括资本项目开放、人民币可兑换和利率市场化。

1990年，为了便利引进外资和促进对外贸易，我国设立了首个海关特殊监管区域——上海外高桥保税区。在投入了大量的人力和财力之后，保税区的基础设施建设达到了国际一流的水准。但在"重硬轻软"的规划思路下，与之配套的金融服务则相对滞后，外汇资金管理缺乏完整的法律框架，跨境收支管理体系不统一、不完善，区内外汇政策及时调整能力不足。2001年，中国加入世贸组织之后，贸易壁垒逐步放低，区外政策限制也随之大幅放宽，"货物自由进出"对保税区来说已经失去"特区优势"，自由贸易港所需要的离岸金融服务之短板却显得格外突出。

由此看来，外高桥保税区升级成上海自贸区，唯一的推手便是离岸金融业务的发展。

首先，发展离岸金融业务是打造"自由贸易升级版"的必然选择。现有的《保税区外汇管理办法》和各保税区自定的规则中对进口付汇的规定较为严格，以企业实到资本为标准限制企业购汇支付额度，外汇支付手续要求严格。其主要出发点为防范偷逃汇，但实际效果是影响了区内企业经营的便利性，货在"关外"，钱在"关内"，金融制度和贸易政策脱节，使得金融服务成为自由贸易的软肋。因此，将区内金融业务按照离岸金融规则进行管理，并打通区内、区外的资金流动渠道，降低企业经营成本，是提高自贸区对各类企业吸引力的关键因素，也是贸易自由化的新动力。

其次，金融自由化是上海自贸区成为离岸金融中心的制度前提。从现有的政策倾向来看，上海自贸区将率先试点人民币可兑换和资本项目开放。2013年8月28日，内地和香港特区政府签署了《内地与香港关于建立更紧密经贸关系的安排》（CEPA）补充协议，允许具有资格的香港金融机构按照内地的有关规定，在内地批准的"金融改革先行先试"若干改革试验区内新设合资全牌照证券公司，且内地股东不限于证券公司，上海自贸区作为金融改革先行先试的区域，开始向外（合）资金融机构全面开放业务。要形成离岸金融中心，放开外国金融机构经营活动的限制，吸引足够的"离岸机构"入驻是前提，在此基础上，还需要离岸业务经营的政策环境。因此，放宽直至取消自贸区和境外资本的自由往来，使之成为境内居民投资境外资本市场的窗口，同时也成为境外居民投资人民币证券的有效通道。

再次，金融自由化是控制资本项目开放风险的必出之牌。在全球主要经济体中，中国是为数不多的至今仍然实行汇率和利率管制的国家，资本项目的逐步开放将导致国际市场的资金出于逐利的目的大量进出，如何调节资本流动的方向及其规模，汇率和利率是非常重要的风险阀门。因此，和资本项目逐步开放相配套的应该还有人民币汇率的进一步弹性化和更加彻底的利率市场化。

经济腹地是离岸金融中心成长的重要土壤

"自贸区是改革开放的试验田"，这块试验田会是一株永远长不大的盆景，还是在不久的将来能蔓延成金融自由市场的森林，关键取决于两个因素：第一，离岸市场和在岸市场之间的互动机制，即"二线"到"一线"的金融防线怎么管。

离岸金融中心主要分为三种类型：以伦敦和我国香港为典型的内外混合型离岸金融中心，以纽约、东京和1998年之前的新加坡为典型的内外分离型离岸金融中心以及以巴哈马、开曼群岛为典型的避税港型离岸金融中心。从经济体制、市场结构等各种特点来看，上海自贸区发展离岸金融市场能够采用的只能是内外分离型，类似于东京和新加坡。

以新加坡和日本离岸金融市场的崛起为例。新加坡的离岸金融中心从1968年开始起步，发展至1998年，外汇业务营业额才达1390亿新元。经过30年的时间，新加坡才发展成仅次于伦敦、纽约、东京的全球第四大外汇交易中心。而日本东京的离岸金融市场，1986年12月1日才正式开业，两年后，1988年年底，东京离岸金融中心的资产余额已达4142亿美元，规模已超过中国香港、新加坡、纽约，成为仅次于伦敦的世界第二大离岸市场。同样是内外分离型离岸金融中心，同样在亚洲，为什么两者的发展速度相差这么大？最重要的原因是日本经济实力强大，银行资金充裕。作为当时的世界第二大经济体，日本在国际贸易中有举足轻重的地位，常年贸易盈余使其金融实力雄厚，当时全球排名前十位的大银行中，有五家是日本的集团企业。深厚的经济腹地和金融腹地是离岸金融中心吸引力和影响力的重要基础。

而上海自贸区将以什么速度成长，取决于它是种在盆里还是种在地里。如果上海自贸区的金融开放仅仅限于28平方公里内部的企业、居民和资金，那么它就是种在盆里的苗，长得再好也不过是一株盆景；

反过来，如果自贸区的离岸金融是背靠长三角的经济腹地和陆家嘴的在岸金融中心，"一线"和"二线"之间有着非常灵活、有机的互动，那么这棵苗就是种在地里，种在长三角的经济腹地和上海陆家嘴的金融腹地上，长成参天大树在所必然。

换句话说，深厚的"二线"经济腹地和金融腹地是哺育"一线"市场繁荣的基础。

随便举个例子，上海企业2012年企业债发行量达到23.32万亿元人民币，远高于香港2012年企业债发行量4.6万亿港币。如果它们中有一定比例可以在自贸区获得融资，考虑到境内外利率的差别，不仅境内企业的融资成本可以大大提高，自贸区债券市场的发债规模自然也有了保障。香港离岸金融业务从2004年开放，做了八年，也就区区7000亿元人民币，主要原因就是回流渠道不畅，离岸人民币缺乏足够的投资渠道，离岸资金和在岸的金融市场之间没有良好的互动机制。上海会变成东京还是第二个香港（甚至还不如香港），关键在于离岸人民币和在岸金融市场之间的互动机制。

政策竞争力决定离岸金融中心的成长速度

目前全球离岸金融中心有60多个，不同的国家以不同的政策优势来吸引跨国金融机构入驻，并将业务转移到本地，其中包括利率、税收、存款准备金制度、存款保险制度等各种政策优惠措施。

以日本东京为例。为了增加东京离岸金融市场的吸引力，日本政府允许东京离岸市场的存款利率不受日本央行的管制，充分自由浮动；与此同时，在存款准备金方面，豁免各离岸账户向日本央行缴纳准备金的要求，只有从离岸账户向在岸账户转账时，才需要按照转账总额的一定比例缴纳准备金。此外，日本国内规定商业银行存款要参加保险，但离岸账户的存款不必参加保险。

最重要的是，东京离岸市场免去了存款利息税，并减免离岸银行的法人税。免征利息税提高了投资收益率，使得各国政府的外汇储备、银行和企业的闲置资金都被吸引到该市场。1987年，国际清算银行成员所做的银行间业务有2/3在日本进行，国际清算银行成员在东京离岸市场的国际资产占其国际资产总额的5％，仅次于纽约国际银行设施，这就是税收优惠的魅力。而减免离岸银行的法人税使离岸金融机构的经营成本下降，跨国银行因此将更多的资金交易放在东京进行。税收优惠无论是对投资者还是对跨国金融机构都产生了强大的吸引力。

所以，决定上海自贸区是盆景还是森林的另一个因素是，上海将会用什么样的政策优势来吸引金融机构进入。

在不同的离岸金融中心之间，跨境资金和业务向哪个方向流动，税收和政策优惠是指挥棒。因此，既然决定开放，上海自贸区面临的第一个竞争便是和其他自贸区及国际金融中心之间的制度竞争，我们的制度环境、税费政策有什么样的竞争力，决定了上海自贸区对机构和资金的吸引力，也决定了上海自贸区在国际金融市场上的地位以及它在金融开放进程中所能发挥的作用。

详解自贸区人民币可兑换安排

曹远征
中国银行首席经济学家、中国首席经济学家论坛理事

很多人说让我谈谈上海自贸区。为什么设立上海自贸区？上海自贸区在做什么？未来怎样发展？其实，这与人民币国际化的安排高度相关，上海自贸区是中国金融开放的试验田。

来看看人民币的发展现状。大家知道，我们是从2009年7月2日开始跨境人民币贸易结算的，从那时候开始，人民币有了快速的发展。我们看到，跨境人民币结算，无论是增长率还是总额，增长都非常快。特别值得注意的是，2013年人民币跨境贸易结算额已经占到了对华贸易的18%，2013年的增长速度是57%。目前跨境贸易不仅仅是用于货物贸易，也包括服务贸易，现在也鼓励使用人民币对外投资，这是大家看到的态势。

但我们更想强调的是，跨境人民币国际支付区域的市场份额，表明人民币在2013年已经变成了全球第七大交易货币，在国际上使用非常之频繁。但是有一个问题，

人民币是中国的本币，反而在内地用得非常少，主要是在香港使用。与此同时，其他地区正在扩张，现在伦敦有离岸市场，新加坡有离岸市场，中国台湾有离岸市场，韩国也有了离岸市场，习主席正在签署人民币结算中心的协议。

那么问题就来了，既然人民币是中国的本币，为什么这个本币的国际化、本币市场的国际交易量如此之小？我们知道，在当年推进的时候，两种清算方式是在五年前的7月2日同时开始的，我们称之为港澳清算方式和上海代理行方式，而且第一笔交易是上海做成的。但是，五年以后，香港做成的交易大概占整个跨境贸易结算的80%，上海却不足20%。

我们知道，上海是人民币的本币中心，如果一种货币在国际化中的本币市场不能发展，那么这种货币的国际化是走不远的，这就有了能不能加速上海本币市场、上海国际金融中心发展的问题。按照规划，2020年上海应建成与人民币地位相匹配的国际金融中心，从现在算起还有五年多的时间，到底能不能完成呢？上海自贸区就是在这个背景下提出来的。

第二个问题，上海自贸区能做什么？怎么做？这跟现在人民币国际化的特殊路径相关。什么特殊路径呢？人民币是中国的本币，人民币国际化是本币的国际化。从全球来看，一种本币要国际化必须满足三个条件：

第一，这种货币是可兑换的，目前人民币是不可兑换的，至少在资本项下是不可兑换的，不存在这个前提条件。

第二，如果一种货币想被国际使用，那么这个国家的对外国际收支就要有逆差，而且要能保持稳定的逆差，否则它在国际上就没有流动性，这叫作流动性义务问题。可以看到，到目前为止，中国的对外国际收支，无论是资本项下还是经常项下都是顺差，双顺差。

第三，一种货币被国际使用，意味着这个国家的央行就是国际的央行，它不仅要对本国经济负责，更要对全球宏观经济负责。大家批评美国的QE政策，就是这个理由。即使人民币国际化了，中国央行愿意为全球负责，我们也会发现缺少工具，中国缺少深厚的金融市场，央行的货币政策没有操作工具。

在这种情况下，人民币怎样起步？怎样让人民币满足国际需要？我们知道，在亚洲金融危机以后，人们发现亚洲地区存在所谓的货币原罪，有三个错配。第一，货币错配。亚洲国家相互之间的贸易规模非常大，现在相关贸易占50%以上，但是相关贸易结算货币，区外货币是美元。美元一旦有问题，亚洲国家的贸易就会受影响，2009年的金融危机就会重演。第二，亚洲国家期限错配。这是一个高速增长的地区，需要长期资本，但是流入的是短期资本，一旦短期资本有风吹草动，流出流入就有很大的影响。第三，结构错配。亚洲地区是储蓄率很高的地区，但由于基础设施比较落后，很多资金都储蓄到海外，然后由国外、欧美投到这儿来。亚洲外汇储备大部分投在美国市场，存在结构错配的问题。

要解决这三个错配的问题，唯一的办法就是本币化。2009年金融危机发生以后，本币化的需求越来越高。我们知道，中国是全球第二大经济体，中国的国际贸易全球第一，而中国经济又在稳定发展中，人民币有升值倾向，这就构成了人民币的国际市场。这预示着在人民币国际化的条件还没有形成时，人民币会率先在国外使用。

反过来，这三个问题对中国提出了挑战，要求中国有稳定的逆差机制，有一个庞大的金融市场，而且货币政策可以熟练地进行操作。

上海自贸区的安排就是针对这些挑战做出的。首先就是人民币可兑换，上海自贸区的人民币可兑换条件正在产生。我特别注意到罗康瑞先生讲的香港经验，但香港的全部经验在于资本项下开放。我们注意到，人民币在贸易项下是全部可兑换的，但在资本项下是有管制的。香港当年在采用人民币以后，突然发现如果人民币没有回流机制，就不能回到内地，那就没有什么用处，于是开始安排回流机制，就是在资本项下开放。十年前中国银行开始安排，跟人民银行的清算安排，随后包括各种香港点心债的发行等。

回流机制实际上是在资本项下开放。香港离岸市场的发展，贡献了新鲜经验，就是香港模式。而上海模式，在资本项下是完全管制的。上海和香港的区别无外乎两点：第一，由于资本项目的管制，上海贸易不能实现资本项目的回流，上海模式的贸易结算小于香港模式；第二，尽管上海是人民币本币中心，但金融基础设施相对落后，这一点特别明显地反映在固定收益市场上，在某种程度上意味着上海在岸人民币市场的蓄积能力比较弱。其实，自贸区的建设就是针对这两点的，由香港提供了这个经验。

按照香港的安排，我们突然发现，尽管资本项目下人民币和外币不可兑换，但资本项目下人民币是可以流动的。国际货币基金组织规定的资本项目总共有43个科目，中国对大概80%的科目是开放的，只有3个科目是管制的。第一个科目，外商投资需要审批，中国企业进行海外投资需要批准；第二个科目，中国居民不得对外负债，对外负债需要进入外债规模管理；第三个科目，中国资本市场不对外资开放，尤其是二级市场交易不对外资开放。如果外资要进入这个市场，需要特殊管道安排，就是QFII（合格境外机构投资者）。

但是，由于人民币的使用，我们又突然发现这三个科目是由人民币进行的。

第一，到目前为止，外商以人民币对华投资是受到特别鼓励的，中国内地企业对海外投资也可以用人民币进行，不需要进行外汇额度管理。

第二，中国居民目前尽管不可对外负债，但可以以人民币负债，这包括上海的点心债市场、伦敦的点心债市场和中国台湾的宝岛债市场；也包括现在的跨境人民币贷款，深圳的前海、上海的自贸区以及苏州的新加坡工业园区和天津的上海城，在境外可以用人民币来贷款。

第三，中国的资本市场目前还不对外币开放，但是对人民币开放，这就是沪港直通，沪港两地可以用人民币互相买卖对方的股票。

有了香港这样一个试验，我们突然发现，在上海自贸区可以有抓手、有附着点，就是资本项下可兑换的安排，先流动，再兑换，其实就是这三个科目兑换进程的安排。

有人提到，自由贸易账户安排，首先是人民币的自由贸易账户，是用人民币进行交易，上海自贸区的任何一家注册企业，都可以通过这个账户跟海外流通，在人民币的使用上不受任何限制，除了一条，就是不能从海外借钱来炒上海的股票。

下一步就是自由贸易账户可兑换，即汇兑安排，其实是这三个科目逐渐向人民币靠拢。如果外商对华投资用人民币，与用外币条件一样，叫作这个科目可兑换；如果允许居民对外负债，人民币负债和外币负债一样，叫作这个科目可兑换；如果内地的股票买卖可以用人民币进行，也可以用外币进行，叫作这个科目可兑换。

我们知道，上海自贸区开两个账户，一是自由贸易账户，一是一般的账户。在这些科目可兑换以后，如果自由贸易账户的使用条件向一般账户靠拢，最后变成一般账户，这就叫作全面可兑换。其实，这个过程就是上海自贸区向全国推展的过程。所谓上海自贸区，不是弄一块洼地，变成一个什么真正的特区，它的核心意义在于：它的试验得出的是可推广、可复制的经验。

从这个意义来说，如果进程安排妥当，一般估计在2017年左右，人民币的可兑换性可以基本恢复。也正因为有这个预期，对民营企业来说，现在使用人民币做跨境安排是非常好的选择，可以避险。现在人民币跟很多货币直兑，可以不以美元为中介来换其他货币，能够节省成本，它的交流和安排也更加方便。所以，从这个意义来说，我们要关注上海自贸区的发展，它的核心意义在于金融的试验，而不在于贸易条件和投资条件的便利化安排，固然后者也很重要。

公平的市场环境更重要

傅蔚冈

上海金融与法律研究院研究员

中共十八届三中全会《中共中央关于全面深化改革若干重大问题的决定》公布之后，有关国有企业改革的内容颇受公众关注，尤其是有关国有企业的混合所有制内容更是得到一致好评。近段时间以来，无论是央企还是地方国企，都已经开始"混合所有制"的实践。

2014年2月19日，超大型央企中石化宣布，将在油品销售业务板块引入社会和民营资本参股，持股比例由市场决定。全国两会期间，中石化董事长傅成玉表示，民营资本参股中石化没有所谓的比例限制。近段时间，盛传阿里巴巴有意入股中石化销售公司，中石化官方微博也于3月17日回应："无论是民营资本，还是社会资本，小石头张开双臂欢迎每一位有诚意、有实力的电商等各类小伙伴一起'卖油'，开发这个板块的潜力。"这具有标杆性的示范意义。

为什么是混合所有制

什么是混合所有制？按照《决定》的表述，就是"国有资本、集体资本、非公有资本等交叉持股、相互融合"。换句话说，就是在一个公司（企业）里，股东来源多样化，除了国有资本外，还可以引入非国有资本。

其实，"混合所有制"并不是新概念，在1997年的中共十五大报告中就已经被提出："公有制经济不仅包括国有经济和集体经济，还包括混合所有制经济中的国有成分和集体成分。"为什么公有制中会出现混合所有制经济？一个很重要的原因就是随着中国资本市场的建立，很多国有企业通过股票市场筹集了资金，变成了公众公司。在2002年的中共十六大报告中，对混合所有制做了更为详细的论述："除极少数必须由国家独资经营的企业外，积极推行股份制，发展混合所有制经济。"十八届三中全会《决定》对混合所有制的论述之所以比以往更引起关注，很重要的一点就是把混合所有制看成是"基本经济制度的重要实现形式，有利于国有资本放大功能、保值增值、提高竞争力，有利于各种所有制资本取长补短、相互促进、共同发展"，同时"允许混合所有制经济实行企业员工持股，形成资本所有者和劳动者利益共同体"。而在相当长一段时间内，国有企业的员工持股都不被支持。

为什么在国有企业股份制改造之后要大力引进混合所有制？在我看来，大概有以下几个原因：第一，推进混合所有制可以大幅度降低持股成本。我们不妨以中国工商银行为例，目前，工商银行的股东中央汇金投资有限责任公司和中华人民共和国财政部分别以35.40%和35.20%的股份位居第一、第二大股东位置，超过70%的国有股份确保了该公司的国有成色。不过，单从控股成本计算，这并不是一笔非常划算的买卖。

银行有一个资本充足率要求，按照《商业银行法》的规定，银行的资本充足率不得低于8%，贷款余额与存款余额的比例不得超过75%，流动性资产余额与流动性负债余额的比例不得低于25%。这意味着假设国有股东要保证51%控股，那么每年必须保证至少1.2倍于银行资产的注资，这是一个非常庞大的数字，尤其是对工、农、中、建、交五大国有银行而言。如果银行的规模越来越大，大股东可能就会不堪重负，就如中投公司副总经理谢平说的"成本会高到所有的分红将来都拿去注资也不一定够"。尽管绝大多数的国有企业不是银行，没有资本充足率的要求，但目前很多国有企业动辄超过70%的国家法人股，持股成本也高得惊人，这笔资金本来可以用在更需要的领域。

第二，混合所有制可以改进企业法人治理结构。尽管目前绝大多数的国有企业已经通过股份制改造，也在证券交易所上市，但必须指出的是，由于这些企业的国有股东在企业里占据着主导地位，企业的治理结构并未得到明显改善。以中国石油天然气股份有限公司为例，国有企业中国石油集团以86.3473%的股份保证了国家的绝对控制权，但是，大股东的股份实在过于庞大，这使得其他小股东根本没有机会对这家公司的治理提出反对意见。即便是小股东提出反对意见，也无法在股东大会上通过。

为什么中石油在过去一段时间里出现了高管利益输送？国有股一家独大是一个重要原因。因为内部人控制存在着各种利益输送而侵害了公司利益，无视小股东的利益表决机制也使得其在资本市场备受冷落：中石油的股价从2007年11月30日开盘价的48.60元跌到今天的8.10元。最直白的一句话就是：你一家独大，为什么我要陪你玩？换句话说，国有股东股权过于集中，不仅不利于改善治理机制，也无从保护小股东权益。更重要的是，巨额的持股成本会给政府带来极重的负担，最终成本只能由纳税人负担。从经验层面来看，股份分散是企业治理结构良好的必要条件，只有如此，才会有分权制衡，才会避免股东滥用权力。

第三，混合所有制可以为政府筹措财政资金。随着城市化的推进、社会保障制度的建立，现在的地方政府比以往任何时候都需要资金。

在过去十几年的发展中，地方政府的公共财政主要来自经济增长带来的税收和土地存量。但是，随着经济增速放缓和中央的土地调控，地方政府的资金日益捉襟见肘。当无法获得增量资金时，盘活存量就成为一个非常重要的手段。

2011年，上海国资委以51亿元整体出售上海家化，即是跟政府理财相关。尽管交易后双方争议不断，但仅仅从投资收益来看，上海方面从这笔交易中收益很多。上海家化原来每年上缴的收益是4000万元，如果不出售，51亿元要收近130年，而在国资退出后，这笔收益可以更多地用于城市的基础设施建设。可以想象，今后类似的交易会越来越多。

混合所有制是否真能改善国有企业治理结构

混合所有制当然有助于改善企业的治理结构，但是不是"一混就灵"呢？我表示怀疑。如果混合所有制真的那么有效率，中国股市怎么还会存在那么多治理结构低下的国有背景的公司？如果连公众公司都无法改善治理结构，对于非上市的国有控股公司的治理结构，我们能保持乐观吗？

不妨以京沪高速铁路股份有限公司为例。京沪高速铁路股份有限公司于2007年在京成立，负责京沪高铁的相关建设与运营。最大股东是铁道部下属的中国铁路建设投资公司，持股56.2%。平安资产管理有限责任公司牵头的七家保险公司和全国社会保障基金理事会为第二和第三大股东，分别持股13.9%和8.7%。但是，引入平安保险和全国社保基金理事会就改善了京沪高铁的治理能力了吗？没有。

2011年之前，国家审计署专门针对京沪客运专线进行审计，发现京沪客运专线在建设过程中发生了诸多问题，《京沪高速铁路建设项目

2010年跟踪审计结果》显示，2010年该项目存在招投标不合规、资金挪用、伪造虚假发票等问题，涉及金额近50亿元。为什么引入了平安保险和全国社保基金理事会还不能改善高铁的治理结构？

也正因为如此，尽管目前京沪高铁运营形势超出预期，但平安资产管理有限责任公司和全国社保基金理事会出人意料地提出了退股要求，两家投资机构于2012年下半年分别提出希望京沪高铁股份有限公司的最大股东中国铁路建设投资公司代表铁道部回购股份。为什么这两家机构会在京沪高铁即将进入盈利期时提出退股要求？很重要的一个原因就是它们无权过问具体的运营决策。据媒体报道，包括调整运行图、减少发车数量、降低商务舱价格等直接影响其投资收益的重大决策，股东都无权过问；而长期在封闭系统的运营过程中形成的财务不透明，也让投资人无从知晓其真实的收入。在一般人眼中，平安保险和全国社保基金理事会是中国资本市场中呼风唤雨的角色，连它们的利益都无法得到保障，更不要说普通的投资人了。

换句话说，如果混合所有制的"新政"只是让国有企业多了一种从社会获得资本金的渠道，并没有在企业治理上实现根本的变革，那么这种新政策就是不可持续的。中国的国有企业之所以效率不高，根本原因并不是差钱，而是一直不差钱导致的各种效率低下：不差钱意味着它不需要为运营效益负责，一旦资金告急，就可以从政府那里获得急救资金。

还是以铁道部为例，从2006年开始，铁路系统的年固定资产投资规模超过2000亿元，其后投资额逐年增加，2011年达到峰值8340.69亿元。如果分析一下铁路建设投资的资金来源就更加清晰，在铁路建设投资中，债务性融资占总融资额的比例过大，2009年以后这个比例超过70%，导致铁路的负债金额和资产负债率节节攀升。

换句话说，铁路系统今日之弊病是典型的国有企业预算软约束之故。要解决国有企业的这个老问题，不能只是吸引社会资本，要在企业内部治理上有一场脱胎换骨的改变。民间资本之所以有效率，就是因为预算约束是硬的，它会想方设法地节约各种资源，改进管理方式，提高效率，为投资人获得回报。

对于私营企业和普通居民而言，预算约束意味着决策者的收入总量约束着支出选择，因此，不能做一些超过预算收入的事情。如果一家国有企业的支出超过了它的预算约束，将会发生什么情况？约束将根据不断出现的超支来调整，企业会得到各种外部帮助。根据经济学家科尔奈在《社会主义体制：共产主义政治经济学》一书中的解释，企业经常会得到的外部帮助主要是以这四种形式出现的：通过和政府部门讨价还价的软补贴；按照每家企业单独处理的软税收；陷入困境的企业可以获得银行信贷的"软信贷"，以及软价格管制。

无论是哪种帮助，最终都会出现的情况是：当国有企业出现经营问题时，政府可以帮它一把，以免它走向倒闭。相反，如果这是一家私营企业，那它就可能面临破产的风险。这几年之所以会发生"国进民退"，很重要的一个原因就是国有企业比民营企业多预算软约束这口气。不过，必须指出的是，预算软约束并没有在根本上解决国有企业的困境，反而使得国企的竞争力越来越弱，还恶化了市场竞争环境，扭曲了国企的行为模式——如果我亏损了就能够获得补贴，那我何必去费力获得市场认可？

尽管这几年来国企的治理结构在形式上得到了很大的改善，而且国资委对央企有着各种各样的绩效考核，其指标也不能说不先进，但这都没有改变预算软约束这个现实。一个可以作为佐证的事实是：到目前为止，并没有一家央企因为亏损而破产，甚至很少有地方国资国企因此而破产。而地方政府在处理地方国资国企经营不善的问题时往往采用重组的方法，由一家盈利公司接下亏损公司的各种负债。

如果混合所有制不能在破除预算软约束上下功夫，最大的可能就是这些混合所有制企业比其他纯民营企业具有预算软约束的优势，不必担忧市场竞争的威胁，最终的可能是企业内部效率等大幅度下降，既不利于企业，也有损市场竞争。就此而言，如果混合所有制只是需要社会资本，而不让社会资本真正参与企业的运营和管理，那混合所有制就很难说是成功的。

是改善企业治理结构还是改善市场环境

1980年夏，时任国务院副总理的万里主持召开了全国劳动就业会议，目的是为了解决当年"上山下乡"运动中回城知识青年的工作问题。参加这次会议的绝大多数人都认为，为了吸收更多的劳动力，政府应当大力兴办企业。但是，国家没有那么多资金怎么办？经济学家厉以宁在这次会议上提出，可以组建股份制形式的企业以解决就业问题，通过民间集资，不用国家投入一分钱，就可以吸收更多的劳动者就业。厉以宁的这次发言，是第一次在高层会议上发出的关于股份制的声音，受到了国务院的高度重视。

从某种意义上说，厉以宁首次提出股份制是为了解决企业资金的来源问题，为了提供更多的就业岗位。但是，随着国企改革的深入，股份制不仅被视为是为了解决新办企业的资金来源问题，也被视为改造现有国企治理结构的重要手段。20世纪90年代后推进的国企大规模股份制改造，尤其是公开募集股票的方式，不能不说是受此影响，甚至可以说，目前的混合所有制实际上也只是股份制的一种形式。

问题是，为什么在企业的股份制改造以后，企业的绩效不能得到改善，而民众对国有企业还是存有强烈的抱怨？在我看来，这可能有两个原因：一是如同我前面所说的，大量的股份制改造并未根本改善企业内部治理结构，预算软约束还是大量存在；二是政府赋予了国有企业太多的特权，而给民营企业设立了太多的准入限制，由此导致市场竞争的不公平，近几年里大规模的"国进民退"就是对此的反映。

如何改造国有企业？在当下中国，可能已经不能仅通过股份制改造来完成了，还必须建立一个公平竞争的市场环境。从20世纪80年代开始，吴敬琏教授就不断呼吁在中国建立市场经济，在以他为代表的一批经济学家的不断呼吁下，中共十四届三中全会通过了《中共中央关于建立社会主义市场经济体制若干问题的决定》。从1994年开始，中国实施了财税体制、银行体制、外汇管理体制、国有经济体制、社会保障体制等多方面的改革。正是根据十四大和十四届三中全会的总体设计和行动纲领进行的全面改革，建立起了社会主义市场经济的基本框架，奠定了中国经济崛起的制度基础。

　　必须指出的是，在这一轮改革中建立起来的市场经济还有很多缺陷，还保留着许多命令经济旧体制的遗产，主要是政府在资源配置中仍然起着太大的作用。21世纪初，在政府职能转变、国有经济有进有退的布局调整和国有企业股份化改制的问题上，出现了停顿甚至倒退倾向，国有企业在若干重要行业中加强了绝对控制和较强控制的垄断地位，所有这些都妨碍了市场在资源配置中发挥应有的作用。

　　如何解决这些问题？重塑市场经济可能是我们所需要努力的方向。在政府和市场关系问题上，要让市场在资源配置中起决定性作用。如何起到决定性作用？在我看来，很重要的一点就是努力创造一个公平竞争的市场环境，让企业通过市场竞争实现优胜劣汰，而不是通过各种事先设立的准入限制竞争。只有通过公平的市场竞争，国资国企的效率才能够大幅度提高，否则，更多的股份制改造只能不断地压缩民企的生存空间，既不利于市场竞争，也不利于国企效率改进。

　　从经营数据来看，国有企业的报表看上去非常漂亮。根据国资委网站的最新消息，2013年度中央企业累计实现营业收入24.2万亿元，同比增长8.4%；上交税费总额2万亿元，同比增长5.2%；累计实现利润总额1.3万亿元，同比增长3.8%。需要指出的是，尽管利润总额非常庞大，但绝大多数的利润都来自几家资源垄断型企业。中国石化联合会近期公布的数据表明，2013年，石油和化工行业主营收入预计约为

13.3万亿元，同比增长9.2％；利润总额约8900亿元，同比增长8.8％。其中，2013年，"三桶油"的营业额约占央企总额的55％，利润更是占央企的70％。

换句话说，目前央企的成功，最大的"功劳"实际上要归于垄断。香港科技大学教授王勇在《中国的国家资本主义》一文中提出了一个非常有意思的分析视角：位于上游的垄断性国企能从充满活力的下游非国有企业的发展中得到好处，转而成为改革和开放的受益者。

同时，他还提出："国企和私企的关系也从先前的同行业之间你死我活的竞争对手，变成上下游之间互补性更强的共生关系。"

现在的国企和20多年前相比最大的区别就是：目前市场中存在着大量活跃的私企，为上游的国企提供了活力源泉。如果没有私营经济的繁荣，国企也就成了"无源之水"，20世纪八九十年代国企的生存状态已经解释了这一点。

但是，这种关系是否可以解释为"上下游之间互补性更强的共生关系"呢？值得怀疑。共生关系存在的前提在于两者都能为对方创造价值，位于上游的国有企业能为下游的民营企业提供这样的价值创造吗？很难。垄断资源的上游国企极有可能成为吞噬下游企业利润的黑洞。

在我看来，与其说是共生者，还不如说国有企业是"分食者"。这种繁荣恐不能持久，理由很简单，由于上游国有企业的挤压，近年来下游私营部门的活力日渐消退。一旦下游企业倒闭了，上游国企的好日子也就到头了。

如何不让下游私营部门倒闭？很重要的一点就是要创造一个公平竞争的市场环境，放开准入门槛，引入竞争对手，而不是像现在这样——国有企业引入特定的民营合作伙伴。在国资股份占有绝对控制权的时候，这样做只是引入了一个"分食者"而已。从这个意义上讲，我不能不对目前中石化宣布在油气销售领域引入民资的改革举措持怀疑态度。更好的举措可能是政府放开成品油零售市场，甚至允许民营企业获得成品油进出口资格。只有引入更多的竞争者，国有资产才能得到保值增值，消费者的权利才能获得保护。

总之，国有企业之所以要改革，并不仅仅是因为国有企业效率低下，更为重要的是低效率的国有企业有损公平的市场竞争环境，它们可以获得比其他市场主体更为低廉的资金、土地等要素价格——如果这些要素配置给民营企业，它们会创造更多的价值。

也正因为如此，改革国企必须从如何建立一个更为公平的竞争环境入手。如果市场公平开放，混合所有制的引入就能够提升国企的效率；如果市场并不公平开放，垄断国企的混合所有制可能只是增加了一个"分食者"而已，甚至会导致各种腐败——中石油高管的利益输送就充分证明了这一点。

从这个意义上说，在大规模引入混合所有制之前，我们更需要花大精力去建设一个公平的市场竞争环境，消除针对民营企业的各种准入门槛：民企在绝大多数行业中都能生存，为什么不允许它们进入那些垄断行业？即便成不了中石油、中石化那样的巨无霸企业，放几条"鲇鱼"也能让这些"巨无霸"提升效率。

中国地方政府自主发债势在必行

魏加宁

国务院发展研究中心宏观经济研究部副部长

中国现行城市化融资模式存在的问题

首先是土地财政。中国现在的城市化在很大程度上依赖于土地财政，但是土地财政现在存在一些严重问题。一是消费上不去，经济转型难。土地财政一方面剥夺了农民的卖地收益，使得失去土地的农民得不到应有的回报，因此，失地农民的消费被严重抑制。另一方面，土地财政推高了地价、房价，使得城市居民把大量的积蓄用于购买住房，从而也抑制了城市居民的消费。所以，在失地农民和城市居民的消费都被抑制的条件下，消费就无法提升，中国的经济转型也就很难实现。第二个问题是社会矛盾激化，群体性事件多发。根据社科院公布的数字，现在的群体性事件中，由征地拆迁导致的群体性事件占到50%左右。土地财政带来的第三个问题是，房地产泡沫一旦破裂，土地财政将难以为继。最近一个时期，房地产价格涨幅稍微降温，土地财政收入就立刻下降。

中国城市化的第二种主要融资模式是靠商业银行给地方政府融资平台贷款，这种模式也存在三个问题。一是期限错配，要么是商业银行短存长贷，要么是地方平台短借长投。第二个问题是存在认识上的错位。从商业银行的角度看，地方平台由地方政府100%出资，并且有信用担保，因此万无一失；而从地方政府的角度看，地方平台是一个有限责任公司，只是承担有限责任。所以，双方在认识上存在着很大的差距。第三个问题是，这种模式带来了挤出效应，商业银行的贷款大都集中到了地方政府平台上，于是民营企业、中小企业、实体经济就出现了贷款难、贷款贵的问题。

第三种融资模式是城投债，这种模式也存在一些问题。第一个问题是功能倒置。国外一般是政府进行低成本融资，然后转贷给企业尤其是中小企业使用。而中国正好相反，企业高成本融资，回头去干政府的活。第二个问题是违背"举债一支笔原则"。举债通常是由"一支笔"负责，但是在中国，地方政府的债务控制是由财政部负责，而城投债是国家发改委审批，容易造成失控。城投债的第三个问题是道德风险。由于城投债由国家发改委审批，相当于中央政府进行背书，于是加大了投资者、地方平台以及地方政府的道德风险。另外还有一个问题就是，城投债的调控模式仍然是直接调控，而不是间接调控，这种宏观调控形式比较落后。

此外，还有一系列所谓的"金融创新"融资模式，我称之为"伪金融创新"。由于地方政府推进城市化有大量的资金需求，但是又不被允许正规发债，于是通过各种所谓的"金融创新"来筹集资金，结果导致信用链条越拉越长，融资成本越来越高，地方政府债务隐性化，系统性风险越来越大。

日本地方债制度的经验与教训

日本长期以来一直允许地方政府发债，但过去实行的是严格的审批制，而且地方政府在发债的时候，中央政府甚至指定金融机构资金或邮政储蓄资金等来购买地方债，并且每年编制地方债发债计划，所以，表面上看控制得比较好。虽然总量上控制得比较好，但是有些地方政府仍然濒临破产边缘。比如前不久我们刚刚到日本北海道的夕张市进行了考察，这个城市的政府债务到了破产边缘，不得不进行财政重建。为什么呢？因为地方政府认为，中央政府向地方提供的转移支付也好，安排的地方债措施也好，不用白不用，不用就吃亏了！由于存在这种心态，而不是根据地方政府的财力量力而行，于是导致债台高筑，最后在债务规模已经很大的情况下，又向商业银行进行短期融资，结果导致债务规模越来越大。我们去考察的一行人都觉得夕张市的教训对中国太有借鉴意义了。

2006年以后，日本决定把地方债的发行方式由审批制改为协商制，即地方政府和中央政府协商后就可以发债，即使得不到总务大臣或都道府县知事的同意，地方自治体依然可以在得到地方议会批准的基础上继续发债。废除审批制有很多好处，比如可以完善地方财政体系，培育地方政府的自主经营和责任自负意识，并且有助于构筑债券放弃的破产机制，打破刚性兑付，培养投资者风险自担的意识。日本改革的方向是：一方面通过市场化发行，强化市场的约束；另一方面通过民主化参与，强化民众的监督。这些对于中国来讲都具有借鉴意义。

中国地方政府自主发债势在必行

最后，我想从日本的经验教训出发，结合中国的现实情况，谈一下对地方政府自主发债的看法。

第一是，为什么要允许地方政府自主发债？从经济学的角度来讲，为推进城市化，大量的基础设施建设需要由地方政府来实施。然而，基础设施建设的最大特点就是，它往往是用上代人或上几代人积累下来的资金进行建设，建设周期又比较长，建成以后享用它的往往是下代人或下几代人，因此就存在着代际不公平问题。为了克服这种代际的不公，最好的方式就是允许地方政府自主发债，筹资建设基础设施。

第二，中国的教训表明，不允许地方政府自主发债只能适得其反。1994年《预算法》公布后，中国禁止地方政府公开发债。但实际上地方政府一直在通过各种办法筹措资金，使得政府债务隐性化，造成更大的风险。所以，实践证明，光靠堵是堵不住的。

第三，有人担心，在不允许地方政府自主发债的情况下，地方债务的规模已经很大了；如果允许地方政府发债，会不会使得债务更多，会不会失控？我个人认为，这种观点是由于潜意识里有一个假设，就是所有投资者都是傻子，只要地方政府发债，投资者就一定会去买，而这实际上是一种计划经济的思维方式。因为在市场经济条件下，投资者是由理性人组成的，除非特殊情况，投资者一般都是理性的。如果地方政府什么信息都不披露，连负债是多少、举债干什么用、如何进行管理、如何进行偿还等，所有这些都说不清楚的话，投资者是不会购买的，这就是市场经济和计划经济的重要区别。

第四，当前如果允许地方政府自主发债有什么好处呢？一是，有助于地方政府债务"暗翻明"，增强透明度，使隐性债务显性化，有利于中央政府对地方政府债务的风险控制。二是，有利于为地方政府打开正规的融资渠道，开前门堵后门。三是，有助于加强地方人大对地方政府举债行为的监督，有利于地方举债的自我约束。四是，有利于增强商业银行资产的流动性和选择性，提高商业银行的风险控制能力。五是，有利于中介组织、新闻媒体和人民群众对地方政府举债行为的监督，强化市场对政府债务的筛选机制和约束作用。六是，有助于采用新的更加规范的方式进一步吸引外资，支持国内基础设施建设。七是，更重要的一点是，地方政府发债可以成为财税体制改革的突破口。财税改革的突破口怎么选择呢？我认为，要么危机导向，要么利益导向。如果用地方政府自主发债作为突破口，就是说如果不解决这个问题，就可能是危机导向；如果让地方政府发债，就可以变成一种利益导向，诱导地方政府披露信息，信息透明。谁财政做得规范、资产负债表编得好，谁在资本市场上就可以融到更多的资金，这是一种正向激励。

第五，当然，地方政府发债还需要很多配套措施，包括中央政府的预警体系建设、财政（破产）重建制度建设。另外，中央银行也要加强独立性，防止由货币供给过度导致的货币幻觉。地方政府要加强自我约束，地方人大要对地方发债进行审核、问责，中介组织也要发挥作用，商业银行也要加快去国有化的步伐，以减少"傻子行为"。

第六，对地方政府发债的约束机制必然是用进废退。也就是说，如果不让地方政府发债，就好比不让汽车上路。不让汽车上路的话，交通规则、交通警察又怎么能发挥作用呢？这就是不用则废的道理。只有让地方政府发债，地方人大、中介组织、投资者等约束机制的作用才能够逐步发挥出来。

第七，当前，在地方债问题上，中国面临着三种选择：一是原地踏步，等待各种条件成熟，这种做法的结果是很有可能永远等不来条件成熟的时候。二是，重新回到1994年《预算法》禁止地方政府发债的老路，这样就有可能重蹈覆辙，地方政府债务不但不能得到有效控制，反而会更加隐性化，风险更大，最后失控。三是大胆向前迈进，通过改革创新建立健全机制。

很高兴看到中国在地方政府发债这件事上正一步步地向前推进。1998年亚洲金融危机时，实行的是国债转贷地方政府使用；2008年国际金融危机时，是由财政部代理地方政府发债；2011年时，四个省市试点地方自行发债；2013年时，试点扩大到六个省市；2014年扩大到十个省市，并且强调是"自发自还"，这和以前有着本质的区别，值得大书特书。

我个人认为，在地方政府发债问题上，中国政府有关部门已经有了高度共识，但《预算法》"三读"将如何定论，我们正拭目以待。

最后再说两点，一方面，从经济形势来看，现在经济下行压力不断加大，无论是拉动经济增长，还是推动城市化，或者是保障房建设，都需要大量资金，需要加大投资力度。但是资金从哪里来？如何把资金引导到有效益、有效率和合理的项目上去呢？究竟谁说了算？是政府说了算，还是市场说了算？我想还是得市场说了算。如何让市场说了算呢？就是让地方政府自主发债，让债券市场、让投资者来进行判别，究竟哪些项目有效益，哪些项目可以干。这样做的话，即使将来发现判断失误，也是由投资者自己承担责任，因此，可以起到分散风险的作用。

另一方面，从改革形势来看，2014年是新一轮改革的关键之年。2013年改革最关键的指标是看能否成立改革领导小组，2014年改革的风向标主要看两件事：一是财税改革就看地方债制度改革这件事能否有所突破，看《预算法》修改能不能往前走；二是金融改革就看存款保险制度能不能出台。如果这两件事做好了，中国的改革就能有实质性突破，中国的经济就可以让市场起到更大的决定性作用。

第五篇

投资新思路

经济转型了，发财的机会都在哪儿

孙明春

上海博道投资管理有限公司高级合伙人、首席经济学家

2014年7月份的经济数据整体并不理想，说明"稳增长"依然任重道远，不可掉以轻心。的确，一个月的数据也许有偶然性和波动性，但是，在当前经济增长企稳回升的基础并不牢固的形势下，政策制定者和投资者应该对每个月数据变化的蛛丝马迹都高度警惕，防止形势发生出乎意料的变化。

不过，数据公布后，股票市场的表现相对平稳，说明投资者对前期"稳增长"政策的滞后效应依然有所期待，对宏观政策的进一步放宽也有些憧憬。此外，一系列经济改革措施（尤其是国企改革、资本市场开放等举措）在近期紧锣密鼓地出台与落实，也令投资者对改革红利的释放充满了期望。的确，如果经济转型有所进展，企业商业模式有实质性转变，企业盈利对经济增速的敏感性有明显减弱的话，那么投资者对经济增速的些微下降确实不必大惊小怪。但转型是个慢功夫，估计不大可

能一蹴而就。

毋庸置疑，即将开通的沪港通可能是近期激发内地与香港股市人气与活力的重要因素之一。沪港通的开通，将给国内个人投资者直接投资海外股市的首次机会。虽然他们届时还只能投资香港股市，但这历史性的一步迈出后，也许很快他们就有机会投资亚洲其他股市乃至欧美甚至全球股市。在这种背景下，在本月的宏观经济观察中，我们不妨把视角放宽到海外，看看中国经济转型会对亚洲乃至全球经济产生怎样的影响，又能给企业家和股票投资者带来哪些机会呢？

"大国经济"的含义

作为拥有14亿人口的世界第二大经济体，中国经济无疑称得上是"大国经济"。从经济学意义上讲，"大国经济"所发生的变化会对世界上的其他经济体产生不可忽视的影响，这在过去十多年中已经反映得很清楚了。记得当时有句话说"中国买什么什么贵，中国卖什么什么便宜"，这正是"大国经济"的真实写照。如今，中国经济正面临转型期。转型之后，中国买卖的东西、输入输出的产业势必有所变化，而这些变化势必会对全球经济格局产生深远影响。

我们认为，随着劳动力成本的进一步上升，中国在劳动密集型制造业的产业外移将不可避免。一些具备条件的发展中国家和地区（如东盟、印度等）很可能承接来自中国的产业转移，成为下一个"世界工厂"，并带动当地经济进入一个长达十年甚至更长的上升期。

第二次世界大战后，亚洲曾发生过两次产业转移。第一次发生在20世纪70年代，是劳动密集型制造业从日本向"亚洲四小龙"（新加坡、中国香港、中国台湾、韩国）转移。第二次产业转移发生在20世纪90年代，是这些产业从"亚洲四小龙"向中国内地转移。如今，经过20年的快速成长，中国经济也开始面临"亚洲四小龙"在20世纪90年代所面临的同样挑战，因此，又到了新一轮产业转移的时候了。

目前，中国已步入中等偏高收入国家，全球收入水平排名相比20年前大幅提升。1990年，全世界比中国贫穷的经济体只有20个（以人均GDP衡量）；而到去年，这一数字已经超过110。这意味着，如今世界上已有110多个经济体比中国更具劳动力成本优势。如果中国经济继续保持7%以上的年均实际增长率，中国的人均GDP估计在两年内就会超过8000美元，五年内则会超过10,000美元，届时中国在劳动力成本上的优势就会变为明显的劣势。

劳动力成本的劣势会在很大程度上抵消中国在基础设施、劳动力素质、产业链与供应链配套、国内市场潜力等方面的优势，在这种情况下，劳动密集型制造业从中国向更低收入的发展中国家转移就变得水到渠成，这从近年来一些跨国公司全球生产基地布局的变化中可窥一斑。

例如，世界知名的运动鞋品牌耐克已将其全球生产基地的重心从中国逐步转移到越南。2000年，耐克在全球生产的运动鞋中，有40%产于中国，只有13%产于越南；而到2013年，耐克的全球产量中，中国所占的比例下降到30%，而越南所占的比例则上升至42%。这表明，跨国公司出于追求利润最大化的目标，对劳动力成本的敏感度是非常高的。

有人认为，由于中国沿海与内陆省份之间存在较大的收入差距，劳动密集型制造业可以从东部沿海地区向中西部内陆省份转移，而不必迁到国外。然而，根据国家统计局公布的《2013年全国农民工监测调查报告》，2013年，我国东部、中部与西部地区的农民工平均月工资仅相差5%~6%（东部为2693元，中部为2534元，西部为2551元），而各地区农民工平均工资的年增长率都超过了12%。按照这个数据，一家劳动密集型制造业企业将工厂从东部迁移到西部城市所节省的劳动力成本在短短一年内就会消失殆尽，这种现象自2009年以来年年如此。显然，将工厂内迁并不能解决企业所面临的劳动力成本快速上升的问题。

相比之下，中国与一些东盟经济体的劳动力成本差距则远远超过了中国沿海与内陆省份之间的工资差距。2005年时，中国与泰国、菲律宾的人均年工资水平基本一致，大约在2300美元，比印度尼西亚、越南稍高，但差距不超过1000美元。但到2012年，中国的人均年工资已经超过6500美元，比泰国和菲律宾高出2000多美元，是印尼和越南的2~3倍，是柬埔寨的5~6倍。在巨大的劳动力成本差距下，跨国公司（以及国内企业）当然会选择把工厂从中国沿海地区迁往这些东盟国家，而不是迁往内陆省份。

亚洲第三次产业转移及相关投资机遇

我们认为，跨国公司和国内企业把生产基地从中国向东盟及其他低收入国家转移的进程才刚开始，在未来五年内将进入加速阶段，形成第二次世界大战后亚洲的第三次产业转移。这一轮转移最有可能发生在中国与东盟之间，因为这些国家近年来竞争力的提高使其相对于世界上其他低收入国家更能获得跨国公司的青睐。即便东盟经济体无法从中国承接所有这些产业，也会有别的经济体（如印度、斯里兰卡、孟加拉国、巴基斯坦等发展中国家）从中国手中将接力棒接过去。尤其是2014年，具有改革意愿和强势作风的莫迪当选为印度总统，使得印度的中期经济发展前景出现了明显的改善。如果莫迪政府能够致力于国内基础设施的改善，印度也非常有希望从中国承接一大批劳动密集型制造业。

这次产业转移不但会给东盟、印度及其他产业接收国的当地经济和企业带来巨大机遇，也会为中国内地、中国香港和其他较发达经济体的企业和金融机构创造良好的商机。例如，为承接相关的产业转移，大部分发展中国家需要大力兴建基础设施。而中国在基础设施建设方面经验丰富，而且在钢铁、水泥、工程机械、电气设备、铁路机车等领域存在巨大的过剩产能。如果中国企业能够积极参与这些国家的基础设施建设，不但有利于消化国内产能，还能为其开拓海外市场提供绝佳的机遇。

随着产业转移的进行，这些产业接收国的居民收入会明显上升，消费能力也会迅速提高。虽然它们在劳动密集型的消费品方面会逐渐实现国产化，但那些有一定技术含量或资本密集型的消费品（如汽车、冰箱、空调、彩电等），估计在相当长一段时间内还会相当依赖进口，这给中国及其他较发达经济体的消费品生产与服务企业提供了难得的出口与投资机会。

由于产业转移及相关基础设施建设需要巨额资金，而欠发达经济体往往存在储蓄与外汇缺口并存的"两缺口"难题，因此，这一转移过程将极其依赖于国外长期资金的供应。中国内地、中国香港及其他地区的金融机构可通过银团贷款、债券发行与承销、融资租赁等多种融资工具和融资模式为其提供资金，并借机打入这些国家的信贷与资本市场。尤其是中国的金融机构，可以借助人民币在这些地区国际化的历史机遇，充分发挥自身在人民币业务方面的优势，为当地企业提供人民币贷款、融资及结算方面的服务，并拓展在该地区的业务发展网络。

对股票投资者而言，这一轮产业转移意味着，已经经历了多年牛市的东盟与印度的股票市场，虽然现在看起来估值并不便宜，但从中长期的投资角度来看，也许还有长足的回报空间。对那些有可能在这轮产业转移中受益或已经提前布局的跨国公司，投资者也不要忽视。

转型升级给发达经济体带来冲击

当然，中国经济转型不见得对所有人都是好消息。随着劳动密集型制造业的外迁，中国国内的企业必须面对转型升级的挑战，通过向价值链的中高端转移，来寻找新的核心竞争力。而中高端制造业一直是欧洲发达国家以及美、日、韩、中国台湾地区等发达经济体的天下，中国企业在这些领域的崛起势必会对这些经济体的企业产生冲击。

有人担忧，中国企业在中高端制造业方面的创新能力不足，在研发方面的投入和知识产权方面的积累也相当有限，因此很难在短时间内赶超发达经济体的企业。这对于非常前沿、非常高端的产业和技术来说也许是对的，但对于中端制造业以及一些虽然前沿但准入门槛并不是很高的高端制造业来说并不见得如此。实际上，中国今天在中端制造业领域已经有一批具有国际领先地位的企业，如华为、中兴、联想、南车、北车、海尔、格力等，不胜枚举。中国国内市场潜力巨大，非常有利于那些具有规模效应的企业迅速降低成本、提高效率和改善产品质量。我们相信，随着国内市场规模的进一步扩大和企业对研发投入的加大，会有越来越多的中国企业在越来越多的中端制造业领域（如电信设备、电子产品、高铁设备、家电、汽车、化工、电气、民航客机、太阳能、风能设备、军工等）跃居为国际领先企业。

实际上，考虑到今后五年中国将要投入的巨额固定资产投资及中国政府对战略新兴行业的大力扶持，中国企业在很多前沿的制造业领域（如集成电路、3D打印、环保设备、新材料、新能源汽车、机器人、生物制药等）也非常有可能对发达经济体的企业构成严峻威胁。

根据我们的测算，在2014—2018年间，中国的固定资产投资总额估计在350万亿元人民币左右。由于中国在传统行业已经存在严重的产能过剩，这些投资中的大部分应该都会投入新兴产业。考虑到过去十年（2004—2013）的固定资产投资总额仅为204万亿元人民币，就已经在中国的大部分行业造成了严重的产能过剩，如果今后五年再投入350万亿元，很难想象哪些行业（包括新兴行业）还会不会存在产能过剩。

如果中国在今后五年把巨额资金投入上述新兴行业，不但会快速提升中国企业在这些领域的竞争力，而且有可能形成全球性的供应冲击。投资者要密切关注发达经济体中那些缺乏真正"护城河"（如知识产权保护）的企业，不要因为它们现在处于领先地位而对其中长期前景过于乐观。对此，具有全球视野的投资者应该早做准备。

中国私人投资者将面临资产错配风险

李迅雷

海通证券首席经济学家

在过去30年中，中国私人财富的增长速度超过全球任何一个发达国家。据贝恩咨询提供的报告，截至2012年，中国约有70万名高净值人士（可投资资产超过1000万元人民币），可投资财富达到22万亿；其中，4.3万名超高净值人士（可投资资产超过1亿元人民币）可投资财富总额则达到6万亿元。但是，包括高净值群体在内的中国私人投资者，在资产配置方面存在明显的错配现象，隐含着较大风险。因为众多投资者的资产结构中，包含房地产在内的实物资产配置比重过高，金融资产中低信用等级的品种占比过高，从中长期来看，这一定会出问题。

房产增值过快或面临跌价风险

从过去十多年来看，房地产的增值速度远远超过任何一类有价证券的投资业绩，如股票、债券或其他理财产品等，房地产也成为中国大类资产中市值最大、私人资产配置占比最高的一类资产。但世界上不存在只涨不跌的东西，中国房价从2000年开始总体呈现一路上涨的走势，这与中国经济高速增长、居民收入水平大幅提高以及人口抚养比下降导致储蓄率提高有关，又与城市化进程处于快速推进阶段有关。但这些曾经促进房价上涨的因素，正转变为阻碍房价上涨的因素，如经济增速已经下滑，人口抚养比也开始上升，城镇化也已经过了高速发展阶段，处于中后期了。

市场永远说不清楚的是，资产价格是否已经包含了投资人的乐观预期或悲观预期，因此，寻求合理的估值方法就显得尤为必要。房价合理与否的估算方法很多，且不同的估算方法得出的结论基本是一致的，即房价水平偏高。即便如此，仍有不少人认为房价不会跌，还会继续涨下去，这种带有普遍性的认识误区应该纠正。

第一，认为房价不会跌的理由之一是城镇化过程远未结束，很多农业转移人口还没有购房。姑且不讨论城镇化后期对房产价格的影响，仅就目前高企的房价能让多少农民工买得起房而言，对居住房的现实需求就要大打折扣。如果穷人都购得起房，那么美国等发达国家就不应该有贫民窟了，拉美国家早就可以摆脱中等收入陷阱了。

第二，不少人说现在购房大部分属于刚需，因此房价是可以获得支撑的，这貌似有道理，但不合逻辑。因为满足居住需要的可以是购房，也可以是租房，如果预期未来房价要下跌，那么目前租房的租金成本显然要低于按揭贷款的利息成本加上首付费用的机会成本（用首付等额资金购买高信用等级固定收益产品的收益）。因此，所谓的刚需，其动机是建立在房价会继续上涨的假设上的。一旦房价下跌成为普遍预期，所谓的刚需也将随之消失。

第三，还有人认为，即便房价下跌，由于泡沫不大，下跌幅度也非常有限。但即便泡沫不大，也不能认定下跌空间不大，因为房地产还可以出现"负泡沫"，即房价出现过跌现象，不少国家在房地产崩盘时期都发生过购房者出现"负资产"、弃房而逃的案例。

流动性或将成为始料未及的风险

中国私人投资者过多地将资产配置在房地产和其他实物资产上，如黄金、珠宝、艺术品等，由于这些资产的交易相对上市证券而言存在诸多不便，故一旦出现价格下跌，转让就会有困难，这就是流动性风险。

比如，目前市场挂出的楼盘价格与实际成交价格有一定的差距，这就构成了流动性风险。一旦房价出现暴跌，就会出现卖不出去或卖出成交价格比挂牌价低很多的风险。A股市场的流动性较好，市场无论是大涨还是大跌，都伴随着交易量的放大。但公司债市场则是有价无市，流动性很差。房地产市场毕竟不是证券化的市场，2014年以来，二手房市场的交易量已经出现了大幅萎缩，一旦房价出现大跌，因不能及时卖出而导致的资产大幅缩水的风险是必须考虑到的。

流动性风险可以通过对冲手段来规避，这是技术手段。但从资产配置角度来看，对流动性比较差的资产如实物资产配置过多，是流动性风险增大的主要原因，如国内居民的家庭资产结构中，房地产占63%，而发达国家大约在30%~35%之间。当然，实物资产配置比重过高，原因是过去实物资产的投资收益率惊人。但自2011年第三季度以来，黄金、有色金属、煤炭及一些矿产的价格走势均出现了趋势性的回落拐点，而中国建筑周期也是在2010年见顶回落，这些都可以表明实物投资的高收益时代已经过去，应该减持实物资产的配置比重，同时应增加金融资产的配置比重。

中国私人投资中，股票、债券及理财产品的配置过低，占比不到10%，这意味着投资者对金融资产的认知度还非常低，更不用说配置海外资产了，这不仅是因为中国资本账户的管制导致了国内投资者海外投资比重极低，在全球经济一体化的背景下，公司治理结构好、技术和管理领先的跨国企业往往可以给投资者更好的回报，而国内上市企业则逊色很多。但这并不等于私人投资者没有渠道来改善自己资产配置的流动性，关键是投资者要提高投资的基本素质还需要很长时间。

"刚性兑付"掩盖下的信用风险在加大

近五年来，随着理财产品市场的迅猛发展，固定收益率信托产品、银行理财产品、保险资管产品以及城投债、公司债等层出不穷，但同时也存在一定的信用风险。尽管所有的理财产品合同中都有风险提示，或者有不保本、不保收益的说明，但中国的投资者还是相信银行和信托公司会还本付息，这就形成了中国独特的理财市场潜规则，即"刚性兑付"。但这种刚性兑付实际上是存在一定前提的，即银行和信托尚有实力为可能发生的坏账埋单，一旦出现流动性风险或债务危机，刚性兑付的薄纸就会被捅破。

2014年3月份发生了"11超日债"不能按时兑付的违约事件，这尽管是国内交易所市场历史上第一例违约事件，但场外市场的违约事件应该更多。尤其是很多信托产品实际上就是类贷款项目，在经济增速下行、产能过剩和企业债券水平高企的情况下，这些融资项目的风险就更大了，如中诚信托、吉林信托等都存在产品问题。2014年，信托的到期量在4.5万亿~5万亿元左右，兑付压力巨大，而大量融资类信托计划的抵押以房地产和土地为主，均面临不可知的房价和地价的变化；而2010年后大量成立的能源类产品，则面临着产能过剩、PPI（生产者物价指数）持续下行的行业危机。

实际上，无论是银行还是信托，目前之所以还没有出现坏账率的大幅上升和信托产品的实质性违约事件，原因或是新债还旧债的技术处理，或是通过自己兜底去遮盖。但如果是大量产品同时出现兑付困难，那就无法实现刚性兑付了。事实上，这些年来这些高收益、低信用等级产品的规模高增长，也反映了投资者风险意识的淡薄。因此，一旦中国再度出现"钱荒"等系统性风险，信用风险的大量暴露就将不可避免。

沪港通的机遇与挑战

胡汝银

上海证券交易所首席经济学家

　　沪港通是沪股通和港股通。沪股通是北上，境外投资者买卖上海证券交易所固定范围内的股票，港股通是内地投资者买卖香港上市的规定范围内的股票，加起来是沪港通。它有一个完整的市场架构：首先是两地的监管机构，其次是两个交易所及其后台，也就是港交所、上交所以及两个交易所分别设立的SPV（特殊目的公司）来负责的两个交易平台。

　　交易参与人很清楚，上交所、中国证券登记结算有限责任公司（中国结算），前台是上交所的香港服务公司——香港服务公司会按照香港证监会的要求有一个资格的核准。港交所也会有一个相应的特殊安排，和香港证券市场的不一样。

　　订单的传递也很清楚，内地投资者像买A股一样，通过内地证券公司，也就是经纪商，进入上海证券交易所的证券交易服务平台，通过这个平台和港交所连接起来，香港也类似，最后两个订单进入两个交易所的交易平台。内地投资者不需要另外开设账户，像我们买B股一样。

资金的清算流程有一点差异，香港投资者直接用人民币，通过香港证券商和香港结算进入中国结算；而港股通方面，由于香港股票用港币标价，而内地投资者是用人民币购买香港股票的，所以这里有结算汇率问题，通常是根据前一天收市的汇率作为当时交易的计价，最终结算的时候是根据交易当天汇点来结算的，这就有一个轧差。

市场的规则和制度，我们也可以看到，两地证监会有《联合公告》。中国证监会专门出了《若干规定》（《沪港股票市场交易互联互通机制试点若干规定》），香港证监会层面，有一系列已有的制度。在两个交易所和结算后台这个层面上，有沪港通框架协议，还有相关业务规则和操作指引。4月10日，《联合公告》发布，上交所和中国结算已经分别发布了相应的实施细则、操作指引征求意见，同时上交所和中国结算也在上海会员公司里进行了推荐。

推进的时间节点方面，首先是两地证监会层面的《联合公告》发布，然后是两个交易所和后台《沪港股票市场交易互联互通机制试点实施细则（征求意见稿）》等，再就是5月到9月，上交所和会员启动各项准备工作，最后是10月份正式启动，但具体哪一天现在还很难说，因为港交所应该留点灵活机动的空间，不是像规定的那样死板。

沪港通的意义

沪港通的意义，显而易见：

第一，有助于境内外资金双向流动，有条件、可管控地扩大跨境交易，扩大香港人民币离岸市场，推动人民币国际化和资本项目下可兑换进程。资本项目下的可兑换，我们有很多项目已经实现了，在这里又增加了一个新的领域。

第二，有助于资本市场双向开放，便利境外资金投资A股市场和境内资金投资香港市场，加强两地资本市场联动和一体化进程，推动中国资本市场国际化，提升中国资本市场的全球影响力。

第三，有助于深化沪港两地金融合作，增强两地金融整体实力和国际竞争力，形成一加一大于二的效应，巩固香港国际金融中心地位，推动上海国际金融中心建设。

第四，有助于优化A股市场投资者结构，提升A股市场的成熟度。

现在A股市场90%以上的投资者都是个人投资者，而且主要是中小散户，资金量很小，资金量在50万元以内的散户所占比重超过80%。通过双向开放提升A股市场的成熟度，改变A股市场投资结构。现在的A股市场，我称之为"五炒"：炒新（新股）、炒小（小盘股）、炒差（绩差股）、炒短线、炒概念，这是我们市场不成熟的表现。因为概念与公司赢利能力并不紧密挂钩，现在概念一旦炒上去了，公司的未来就被透支了。

沪港通在短时间内打通了通向境外股票市场的道路，同时香港本地有200万投资者，很多是香港以外的，比如来自华尔街，来自欧洲或日本的投资者，因此他们会带来另一套投资理念。

第五，便利投资者扩大投资选择范围，更好地满足其资产配置需求。

现在人民币主要是在境内配置资产，这是政策渠道，但也有很多人通过非正规的灰色渠道、地下渠道将人民币资产配置到境外。沪港通是这样一种创新机制：在不改变现行法律法规监管体系，也不改变资本市场组织架构的前提下，做到了两个市场的一体化，但是风险相对隔离。另外，它也不改变内地投资的交易习惯。后面有很多技术性的细节，香港和内地会不一样，一定要事前做好功课。

沪港通的操作细节

大家知道，以前有港股直通车，它和现在的沪港通是不一样的。港股直通车通过国内投资者和国外证券公司在香港交易所进行交易，现在的沪港通模式下，两地交易所相互合作，这个模式有一系列特点，比如虽然订单的传递路径比较长，但它有几个优点：能够有效监控包括跨境交易在内的跨境资金流动，有助于保护投资者的权益，方便本地券商，方便本地投资者。

交易标的范围目前来讲有严格的限制，比如沪股通主要限于三块——上证180、上证380、A+H股，风险警示板不在其中。香港限定在三块——A+H股、恒生综合大型成分股、恒生综合中型成分股，深圳的A+H股不在其中，另外像国际公司等都不在其列。沪股通的选择范围只包括股票现货，不包括衍生品，香港是不包括以港币以外货币报价的股票。

这些股票有一个统计数据，沪股通有568只，港股通有266只。股票在所有上市公司里的占比，上海占59%，香港占18%。平均市盈率沪股通是9倍，港股通是11倍。所有股票的投资标的市值，沪股通是13.1万亿元人民币，港股通接近16万亿元人民币。这些股票市值占当地市场全部股票市值的比重，沪股通是89%，港股通是83%，交易标的的范围还是很广的。

标的范围的调整也有一些规则。调增的股票既可以买入，也可以卖出。调减的股票不可以买入，只能卖出，这是标的范围调整之后对交易的限制。

大家知道，沪港通有投资总额度和当日额度。2014年2月底，香港人民币存款为9200亿元，如果港股通用足现在2500亿元的总额度，它就占到香港人民币存款的近1/4。当然，这个存款还在不断增加，而沪港通的额度不包括分红、税费等一系列东西。

总额度控制的机制，首先要计算总额度用了以后的余额，在每个交易日结束以后计算，当少于每天余额（港股通是130亿元，沪股通是105亿元）的时候，下一个交易日就暂停接收新的买单，但是可以卖出。总额度的余额等于总额度减去买盘的总金额，加上卖盘的总金额。

每日施行的市值控制，如果额度到了，市值扣减。到了以后，只能卖，不能买。如果卖出了，额度增加了，又可以再买。总额度的比较，沪股通3000亿元，在上海证券市场股票市值2%，沪深市值1.3%；港股通2500亿元，在香港市值1.4%。相对而言，这个量还是比较小的。

应香港证监会的要求，内地券商对投资者有一个准入门槛，这个门槛就是单个投资者股票或资金账户的总资产不低于50万元，需要由证券公司来签订风险提示文件。那么，这部分投资者在A股账户的比重是多少？不到1%，只有0.85%。

另外，内地券商从事港股通业务，必须和上交所SPV签订委托代理协议，还要指定适当性管理的实施方案，有义务向内地投资者揭示投资港股的风险，有对异常交易行为告知、提醒和报告的义务。这是法律义务，对投资者的义务，对监管机构和交易所的义务。

内地券商对内地投资者提供港股通标的股票的投资建议，无须获得香港持牌资格，香港也是如此，这有利于内地证券公司、投资分析师扩大服务范围。

行情方面，目前两地交易所初步考虑互换一档行情，但还没有最后定下来。因为香港每个行情的terminal（终端）都要收费，上海证券交易所是不收费的。当然，这个行情不能作为其他商业用途。

股票交易代码和简称方面，沪股通是六位代码，港股通是五位代码，这个代码不会因为沪股通的开通而发生改变。

交易日方面，港股通和沪股通的交易日不是本地的交易日，基本原则是只有两地市场都可进行正常交易和结算的交易日，才被定为沪港通交易日。如果有一方不是，就要停止交易。那么，这种情况的交易日有多少？港股通是20个交易日，沪股通是12个交易日，这是根据2014年公布的交易日历和交易时间来计算的，2013年也是如此。

每天的交易时间稍微有点不一样，内地的集合竞价时间是9:15—9:25、9:30—11:30，13:00—15:00则是连续竞价。港股通有开市前时段和持续交易时段，开市前时段是9:00—9:30，持续交易时段是9:30—12:00以及13:00—16:00。

交易货币方面，在沪股通中投资者以人民币报价，以人民币收付；在港股通中投资者以港币报价，通过中国结算以人民币收付。港股通下，开盘前提供的参考汇率主要是前一天的交易汇率，只有结算的时候按照结算时候的汇率进行交付。

交易指令是不一样的，沪股通不允许T+0，可以一次性卖出零股，港股通支持整手买卖指令和零股买卖指令，但是对零股买卖是有要求的，大家不要以内地经验来看港股。

申报限制遵循交易地市场安排，沪股通最小报价单位是1分人民币，港股通最小报价单位根据不同股票、不同价位各有不同，最小是1厘，大的到5元，像腾讯股票的最小报价单位就比较高。每手股数两地也不同：沪股通每手股数100股，港股通每手股数每个上市公司各有不同，有的公司是100股，有的公司是1000股，有的公司是2000股。2000股一手的，如果买了1000股，卖的时候就只能当零股卖出。零股卖出有一个限制，这对投资者来讲是很不利的。

涨跌幅方面，香港市场是最自由的市场，既没有涨的限幅，也没有跌的限幅，而沪股通标的证券涨跌幅为前收市价的10%。

指定交易方面，沪股通香港市场投资者无指定交易关系，港股通投资者的指定交易关系与其A股账户相同。

停牌和停市管理方面，对于沪股通标的范围内A股停牌，上交所不做额外安排；对于港股通标的范围内港股停牌，上交所不需要对内地券商发布相应信息。对于临时停市，双方约定：上交所临时停市，按约定方式通知港交所；香港市场出现台风及黑色暴雨等临时停市事件，联交所亦会按约定方式通知上交所。

还有一些其他方面的限制，无论是沪股通还是港股通，都不允许投资者裸卖空，这在国外市场是允许的，但内地、香港是不可以的。沪股通投资者不参与内地融资融券业务，港股通也不做这样的融资融券安排。沪股通不允许参与大宗交易，港股通暂时不参与联交所自动对盘系统外交易（类似于A股大宗交易）。另外还限制交易所外的撮合成交，因为如果不限制券商自己对盘，一旦证券公司治理不力，就会引发很大的问题。即使是号称全世界最讲求诚信的华尔街，也因此出现过相关危机。

另外，港股通根据监管机构的要求，对部分或者全部港股通标的证券实施限制买卖服务。市场业务信息的披露，沪港通有一个全年交易时间安排，上交所的网站还有沪港通的专栏，显示有以下这些信息：当日可交易的证券范围、当日参考汇率、可用额度（每隔五分钟）、总额度的余额。

税费安排方面，原则是不新增投资者的成本，交易费用按照对方市场收费标准执行，其他的政府税收等遵循现行规定，对沪股通来说是参照QFII，下一步具体怎么做，还需要继续研究。

投资者保护基金方面，内地有一个投资者保护基金，目前是照常征收，而沪股通投资者保护基金，香港目前已经停止征收了。

上市公司股东投票方面，由于香港证券是多级托管，港股通投资者的行为由中国结算来负责处理，按照投资者的要求来投票。沪股通也要通过非交易申报方式，汇总收集报给上交所交易系统。有很多是通过上交所的网站和登记公司的系统进行投票的，这里延续了这样的做法。

上市公司的信息披露方面，不单独对沪股通、港股通的投资者另外披露，按照以前的方式继续披露。沪股通下，香港投资者可以从上交所的网站免费获得上市公司信息，也可以通过付费方式从信息提供商那里获取信息，还可以从港交所的"披露易"免费获取信息。港交所有三种文字版本：英文、繁体中文、简体中文。境内券商对内地投资者获取港股通的信息应该给予必要的协助，这是上交所要求我们所有会员公司必须做到的一点。

上市公司权益证券方面，对于投资者因港股通权益分派或转换所取得的权益证券，上交所与中国结算将从保护投资者利益的角度予以妥善安排。

持股比例方面，目前来讲，现在要求单一境外投资者对单个上市公司的持股量小于等于10%，所有境外投资者持有的股份加起来要小于等于30%。当所有境外投资者对单一A股的持股总和大于等于26%时，上交所会在其网站上发布警报。若超出限制，上交所将要求投资者遵循"后入先出"的原则出售股份（五个交易日内），买盘将被暂停，直至所有境外投资者对该A股公司的总持股比例下降至小于等于30%。

对市场主体监管方面，上市公司是按照上市所在地进行监管，证券公司是按照注册地进行监管，但在进行交易的时候，必须遵循对方交易市场的交易结算规则，两个交易所的SPV是由对方监管机构颁发牌照进行监管。

投资者保护原则有一系列东西，内地有很大的提升空间。有一系列的问题，最后不仅是两个证监会的问题，像跨境执法，牵扯到港澳办，他们要参与进来，还有其他一些机构，投资者保护会涉及更多的方面。总的原则是要为投资者提供更好的保护，更便利跨境执法合作。

中国证监会也会采取一系列措施，来为投资者提供比较好的保护，包括推进一系列改革，加强两地执法合作。

沪港通监管也会带来很大的挑战，比如我们的市场规则主要是针对封闭市场体系。内地投资者炒股票比较盲目，如何到香港市场去投资，如何做好功课，如何不把自己"干掉"，这是非常重要的。其实在早期的时候，内地有一批投资者到香港炒股票，有的人按照内地股票市场那样操作，结果很多人被"干掉"了。为什么被"干掉"了？首先，香港资金是开放体系，内地投资者那点小资金，在香港股票市场上是杯水车薪，很容易被人家"干掉"；其次，香港有衍生工具，杠杆能力非常高；再次，香港投资者曾有过大量的教训，绝对不会跟风，没有内地投资者那么贪婪无知，不容易上钩。在香港如果延续内地模式，投资者将更可能遭受投资失败的打击。

沪港通影响分析

沪港通开通以后，两个市场的联动会更加密切。现在，国内资本市场炒概念股，不仅炒国内概念，还炒国外概念，华尔街有什么概念带动美国股票上涨，相关概念也会传导到中国国内资本市场，导致股票上涨，现在我们的市场和美国股票市场的相关性很高。

还有一系列的影响分析，比如股票折溢价的情况。从目前来讲，沪股通的标的证券平均市盈率是9倍，香港是11倍，A+H股中，尤其是大盘的股票是折价的，只有小盘的股票，A股要高于H股。再与其他股票做对比，沪深300的平均市盈率是9.8倍，道琼斯是15.9倍，巴黎CAC40是17.7倍，德国DAX30是15.8倍，日经225是18.2倍。从目前来讲，这些东西对沪股通的股价不会产生很大的冲击作用。

相反，沪港通宣布以后，两地的折溢价发生了改变，中小盘股也有可能要承压。我们这个市场炒小，所以市场有一个周期性的变化，早期我们的市场曾经是小型股非常明显，但是在2004年、2005年前后，小盘股效应减弱了，尤其是中小板、创业板恢复之后，小盘股效应非常明显。我们这个市场小盘股效应比其他市场更加明显，背后的原因是市场供求不平衡。另外，为什么香港小盘股、创业板股价起不来？因为机构投资者不能配置这些股票，相对而言，香港创业板是散户投资的天下，像我们今天的B股一样。内地的B股市场也是散户的市场，B股压力就比较高。

资金的进出方面，沪港通不会对市场形成非常大的冲击，冲击主要不是资金量，而是其他方面的因素。

此外，根据国际经验，当境外有一些市场向国际投资者开放时，我们也没有看到由此带来很大冲击的案例。

从中长期来看，沪港通对改善市场资金面和投资者结构都有积极作用，在提振市场信心、改善市场运行质量、推进人民币资本项目可兑换等方面具有十分重要的意义。

中国股民太在乎短期的走势，太短视，导致市场也跟着短视。

5月9日公布的新"国九条"如果制度化了，并且得到了很好的执行，我认为它会带来两大爆炸。

第一，中国资本市场改革的大爆炸。这个大爆炸远远超过伦敦的"金融大爆炸"，伦敦的"金融大爆炸"跟"国九条"的实际内容不好比，"国九条"的内容远远超过它的广度和深度以及时间的跨度。

第二，中国证券市场发展的大爆炸，从股票到债券到衍生品，从场内市场到场外市场，从私募产品到公募产品，等等。

但是，新"国九条"里还有很多意图维持市场稳定的东西，而且之后，证监会宣布要在年内发行100家新股，给市场稳定的预期，但这跟资本市场化的改革要求是背离的，无法让市场在资源配置中发挥决定性作用。

证券市场能稳定吗？不可能的。市场是不可预测的，不管是什么人，有多牛，市场都会让你闭嘴。事实上，中国证券市场的波动率是全世界最大的，波动率最大的原因是政策因素。

另外，沪港通的推出会不会成为做空中国股市的渠道？这也不太可能。第一因为限控，第二资金有限。在沪港通信息公布的三天后，A+H股折溢价指数明显在上涨。

当然，未来有很多问题需要我们讨论，比如以下问题：双向开放条件下沪港市场的一体化，沪港通是沪港市场一体化的一个步骤，真正完全一体化还要有更大的开放程度；沪港通与国际企业港交所上市；内地股票市场自由化不到位；以开放促改革。

以开放促改革，这个观点只讲了一方面。英美是怎样把证券业做大做强的？我们知道，美国在货物贸易方面有很大的贸易逆差，但在服务贸易方面有很大的顺差，这个顺差里有很大一部分是金融服务贸易的顺差。英美成为金融强国的三部曲是：第一步通过自由化，把国内市场做大，把国内机构做大；第二步在国内机构市场做大之后，让它的市场对外开放，让它的货币变成全球货币；第三步让国内机构强势出击，操控全世界市场。所以，一定要加快国内金融自由化步伐，千万不能束缚国内改革的手脚，然后在这个基础上进行开放，与国外机构进行竞争。总之，不要把"让市场在资源配置中发挥决定作用"变成一句空话。现在，券商是中国最需要发展的行业，但是与信托业、保险业、商业银行业相比，券商做不大，就是因为政府管得过死，必须改革。

此外，还有沪港通vs国际板。沪港通不能代表或者代替国际板，国际板对投资者来讲更加便利，监管和法律救济更加便利，交易更加便利，内地投资者风险管理更加便利。对投行和中介来讲，他们有更大的业务发展空间，对交易所来讲也是如此。

最后，我想说，我的中国梦就是资本市场强国梦，我希望上交所变成一所跨全球的交易所，在这个市场上可以交易全球最牛的股票，包括我们的腾讯、阿里巴巴的股票。

中国股市还在等什么

孙明春

上海博道投资管理有限公司高级合伙人、首席经济学家

也许是因为"稳增长"措施初见成效，5月份的宏观数据显示出经济企稳的迹象，而本周刚刚公布的汇丰PMI（采购经理指数）的6月份初值甚至出现了强劲反弹，似乎表明经济增长已开始回升。但是，鉴于汇丰PMI初值往往不够稳定，我们还需要观察更多的数据来确认经济回暖的趋势。从过去几年的经验看，"稳增长"措施从推出到见效往往需要3~6个月的时间。鉴于本轮"稳增长"措施始于两会之后的3月中下旬，不出意外的话，经济增长在今后两三个月里企稳回升应该可以期待。

如果说"股票市场是宏观经济的晴雨表"的话，那么中国股市应该对近期宏观经济数据的些微改善做出正面反应。但事实并非如此，上证指数依然徘徊在距离2000点不远的位置，基本处于多年来的底部区域。难道中国股市不是宏观经济的晴雨表吗？如果是的话，股票市场还在等什么呢？

在我看来，就短期而言，股票投资者还在等待更多宏观经济数据的改善，经济增长是否真正企稳回升还需要更强有力的数据确认。但是，中国股市是宏观经济晴雨表的事实是不容否认的。因此，如果我们对第三季度经济增长企稳回升的判断是正确的话，那么股票市场的正面反应的确应该为期不远了。

然而，就中长期而言，中国股市若要在一个经济增速逐年放缓的宏观环境里走出一个可以持续的牛市，则需等待绝大部分上市公司在商业模式和赢利能力上的成功转型。具体而言，它们需要改变"以量取胜"的商业模式，降低企业盈利对经济增速的敏感性，使自身在经济增速放缓时依然能保持盈利增速的稳定甚至提升。如果中国的上市公司能够做到这一点，那么哪怕GDP的增长率降到5%以下，中国股市依然可以走出牛市。不过，这个转型实属不易，不可能一蹴而就。

短期：等待宏观数据的进一步改善

人们常说，"股市是经济的晴雨表"，说明股市可以比较准确地甚至领先性地反映经济的表现，但中国股市自2009年以来的表现令投资者失望。虽然中国经济每年都能实现7%~10%的高增长，但中国股市的表现远远不及经济增长而接近停滞，而且曾经深陷金融及债务危机的欧美股市。中国股市与经济出现了严重背离吗？

其实没有，中国股市近年来一直是中国经济的晴雨表。比如，2007年10月16日，上证指数达到6124点的历史高位后，开始了长达一年的下跌。而事后证明，中国经济增长正是在2007年第三季度掉头向下，开始了长达七个季度的下跌。再如，2008年10月28日，上证指数在1664点止跌回稳，开始了一个长达11个月的V型反转行情，而中国经济增长率在2009年第一季度达到6.6%的年同比低点后，也出现了一个长达12个月的V型反转，股市见底领先经济见底约1~2个季度。坦诚地说，在中国经济出现这两个重要拐点时，中国股市对经济拐点的准确"预测"或"确认"，要远远领先于绝大多数的经济学家和市场分析人士。

2009年8月以后，上证指数再次进入下行周期，至今已近五年时间；而中国经济自2010年第一季度见顶后（年同比增长率为12.1%），基本上是一路下跌，至今也有16个季度。由此看来，中国股市再次领先中国经济（领先约半年时间），二者的大趋势在过去4~5年是基本吻合的。更有意思的是，在这一整体下跌的趋势中，哪怕GDP增长率仅有1~2个季度的短暂反弹，股票市场也会提前或同步做出相应的短暂反应。

以上数据表明，上证指数的涨跌与GDP增长率的高低或绝对水平无关，而是与GDP增长率的方向或趋势相关联。这主要是因为股票市场的投资者真正关注的是上市公司的盈利前景，股价反映的是投资者对上市公司未来盈利折现值的预期。由于宏观经济的走势是影响上市公司整体盈利变化的最重要因素之一（虽然对个股而言不见得是决定性影响），所以，GDP增长率上升一般会改善企业盈利及投资者预期，反之则反是。因此，经济走势的变化会直接影响股价的整体表现。

根据这一逻辑和过去几年的经验，我们判断，只要宏观经济数据的改善得到更多的确认，不出意外的话，中国股市应该可以在近期内走出一波相应的反弹行情。

中期：等待上市公司商业模式的转型

然而，根据同样的逻辑和过去几年的经验，如果中国经济增速在今后2~3个季度的企稳回升只是多年下降周期中的短暂回暖，那么中国股市的反弹也不会太持久，这是很多投资者不愿意相信也难以理解的。毕竟中国经济还有7%左右的增速，比起欧美国家3%或零增长的增速来说，依然是超高速的增长。既然这些国家的股市可以创出历史新高，为什么中国股市不能在一个虽然减速但增长率依然高达6%~8%的经济增长环境中走出一个可持续的牛市来呢？

在我看来，中国股市与欧美股市的这一差异，主要来自于上市公司商业模式和赢利能力的差异。概括而言，由于商业模式的差异，欧美国家的很多上市公司可以在GDP只有1%~2%的增长（甚至零增长）时维持企业盈利的稳定或成长，而绝大部分中国上市公司的盈利在GDP增长率低于5%（或更高）时可能就已经负增长甚至亏损了，这使得中国股市在相当长一段时间里难以适应宏观经济从10%以上的高速增长下调到6%~8%的中速增长。

具体来讲，由于大部分中国上市公司（尤其是工业企业）都缺乏核心竞争力和差异性产品，它们在产品同质竞争的情况下只能打价格战，导致毛利率较低。在低毛利的情况下，提升企业盈利的最主要办法就是扩大销售，"以量取胜"。这迫使企业进行大规模的投资来扩大产能，导致其固定成本（尤其是折旧和利息等财务成本）增长迅速，反过来又要靠销售的高增长来摊销。这种"以量取胜"的商业模式导致企业净利润对销售额的变化高度敏感，需要相对较高的销售增速来维持盈亏平衡。从宏观上讲，这反映为企业盈利对GDP增长率的变化高度敏感，企业需要一个较高的GDP增长底线来保证盈利、避免亏损。这一点从很多经济数据中都可以清楚地看出。

企业盈利对GDP增速的敏感性是一把双刃剑：当中国经济增长率加速时（如2001—2008年），企业盈利增长会明显提高；当经济增长率下滑时，企业盈利的恶化也相当剧烈（如过去几年）。这一敏感性在中国股市与宏观经济的关系中也已经表现得淋漓尽致。

相比之下，欧美国家上市公司的商业模式则更多的是"以质取胜"。由于产品差异化，尤其是有知识产权的保护，企业的毛利率相对较高，产能投资比较谨慎，企业相对比较轻资产，使得固定成本摊销负担较轻，因此，企业盈利对销售增长（或GDP增长）的依赖性相对较低。在这种商业模式下，即便GDP增速仅有1%~2%，很多上市公司依然可以保持盈利的增长。

对很多欧美的上市公司而言，可以保证盈亏平衡的GDP增长率的底线也许是零甚至是−1%或−2%；但对大多数中国的上市公司而言，这一底线也许是5%或6%（甚至更高）。当然，由于缺乏历史数据（中国经济在过去20年里从未出现过GDP增长率连续两个季度低于7%的情况），我们无法确定当GDP增长率降低到何种程度时，中国企业的平均净利润率会降到零。由于投资者对保证中国企业"盈亏平衡点"的最低经济增速缺乏信心和共识，但对中国经济增速在中期的进一步回落确信无疑，因此股票投资者如履薄冰，而谨慎的投资者自然会"用脚投票"。

自上而下看中国股市的前景

以上分析表明，中国股市过去数年的疲弱表现，应该是反映了投资者对中国经济减速的预期以及由此产生的对企业盈利大幅度下降的担忧。虽然股市调整的幅度可能因受到各种因素的影响而出现超调，但总体趋势还是合情合理的。

从目前中国股市的走势来看，投资者仍然担忧中国经济增长会进一步下滑，而且下滑有可能相当剧烈或漫长。这种担忧是不无道理的，众所周知，中国经济已经进入一个长达多年的下行周期，这不但是经济发展的必然规律，也是中国政府主动调控的结果。

十八大之后，中国政府的新一代领导人上任了，他们面临着与上届领导人迥然不同的政策目标和竞争压力。2003年，当上届领导人上任时，中国的人均GDP仅有1300美元，中国尚属于一个低收入国家，因此，需要一个高增长的策略来迅速提高人民的收入水平和生活质量。应该讲，这一策略的实施是非常成功的。而到2012年年底，当接力棒传给新一代领导人时，中国的人均GDP已经达到6100美元。在人均GDP从1300美元上升到6100美元的过程中，虽然中国劳动力成本低的国际竞争优势在逐步削弱，但整体而言，中国依然属于一个中低收入国家，依然能够保持在劳动密集型制造业的比较优势和"世界工厂"的地位。

然而，如果在未来五年里，中国经济继续保持过去十年的高增长（即每五年翻一番），那么五年后，中国的人均GDP就会超过1万美元，届时中国将彻底丧失在劳动密集型制造业的竞争力，这将对中国的就业和社会稳定产生不可估量的冲击。虽然我们相信中国在发展高端制造业和服务业方面有相当大的潜力，但五年时间毕竟太短了，它们不可能在五年内快速发展到足以弥补低端制造业迅速衰落所导致的就业和产出缺口。因此，新一代领导人必须通过降低经济增速来"买时间"，以实现中国经济的平稳转型，避免中国经济在其第二届任期内（2017—2022年）出现重大危机。

如果新一代领导人致力于实现这种低增长的策略，那么经济增长在今后五年势必会进一步回落。虽然中国政府会不断通过政策微调来确保经济"软着陆"（如通过"稳增长"措施来防止短期内经济增速的大幅度下滑，即所谓的"硬着陆"），但决策者也不愿意看到经济增速的持续、大幅度回升。一旦经济增长走出"硬着陆"的阴影，宏观经济政策的重心就会转变，"稳增长"的政策就会退出，这正是"区间论"的核心思想。但这也是股票市场的担忧，因为即便短期内经济增速企稳回升，企业盈利得到短暂修复，如果经济增长在中期内还会进一步放缓，上市公司的盈利也会进一步恶化，许多企业（也许是大部分企业）还会重陷亏损。届时，中国的银行业和金融体系也会受到冲击。倘若如此，中国股市走出牛市的道路依然漫长。

因此，如果我们期待中国股市在今后几年出现一个可以持续的牛市的话，则需要等待中国绝大部分的上市公司成功地实现前述的商业模式的转型。应该说，这一转型早已开始，近几年也在加速。更重要的是，2013年秋天召开的十八届三中全会所提出的全面放松管制、简政放权、发展混合所有制等一系列改革举措，为加速企业商业模式的转型提供了更加有利的宏观与制度环境。因此，随着转型的深化和制度红利的释放，我们可以期待，中国上市公司的赢利能力会进一步改善，企业盈利对经济增速的敏感性会进一步下降。

当然，企业转型的速度和经济增速下滑的速度孰快孰慢尚不得而知。上市公司必须与时间赛跑，加快商业模式的转型，才能躲开亏损的陷阱。今后几年，如果越来越多的企业能够成功转型，那么中国股市的可持续上涨是可以期待的。

自下而上的机会

即便中国的上市公司作为一个整体无法在这场比赛中胜出，中国股市依然存在巨大的个股与行业投资机会。

虽然宏观经济整体增速下滑难以避免，但许多新兴行业的发展前景广阔，市场占有率或渗透率还很低，这些行业的销售额还在高速成长。因此，即便这些行业中的许多上市公司也采用"以量取胜"的商业模式，它们依然可以在这些高速成长的市场里实现盈利的高增长，而不一定会受到宏观经济整体减速的明显影响。虽然这些通过外延式、粗放式的发展模式而获得高盈利成长的企业并不见得是真正意义上的"好企业"，但它们在行业的快速上升周期中依然可以为股票投资者提供丰厚的回报。

即便是在市场已经饱和或存在过度竞争的传统行业中，也不是没有投资机会。可以肯定的是，由于不同企业的经营模式不同，企业的产品质量和经营效率存在差异，企业赢利能力对GDP增长率的敏感性也不尽相同。因此，随着GDP增速的不断下滑，素质最差的企业（表现为毛利率低，重资产、固定资产折旧和固定成本摊销大，债务负担重等）将首当其冲地落入亏损区域，而素质最好的企业则有可能在GDP增长率降到零甚至负增长时依然保持盈利，甚至保持盈利增长。这些具有核心竞争力（如产品、技术、创新能力、营销方式和渠道、较高的准入门槛以及严谨而进取的管理层、内控机制和企业文化）的好企业反而有可能穿越周期，借助市场的整合而做大做强。耐心的投资者如果买入并长期持有这些公司的股票，将来也应该会获得丰厚的回报。

第六篇
企业应对

中国经济新常态下的七个新机会

马蔚华

永隆银行董事长、招商银行原行长

我们当下议论得最多的一个话题就是经济的新常态。所谓"新常态",就应该对应"老常态","老常态"是过去中国30多年的时间里,GDP平均增长率是9.8%。这两年经济开始回落,2014年上半年是7.4%,按照市场预测,2014年年底恐怕维持不了7.4%了,还会继续下调。

经济放缓,这是中国经济新常态的一种表象,以我的理解,"新常态"绝不仅仅是经济增长速度的放缓,在速度放缓的背后,还有经济结构的优化、增长动力的切换、制度环境的改变,这才叫"新常态"。

中国过去30多年,我们的经济增长得益于得天独厚的资源,得益于前所未有的制度红利,得益于中国独有的人口红利,还有我们中国东方特有的储蓄红利,等等。但是今天,这些支撑过去高速增长的因素都在消失或者减弱。比如人口红利,中国临近了"刘易斯拐点",这在经济学上有争论,中国劳动力已经从绝对的无限供给变成了绝对值的下降。

中国是贸易全球化的最大受益者，过去30年，中国的出口总额增长了近90倍，而全球贸易量仅增长了6倍，但是现在，上半年贸易对GDP的贡献是负数。还有像能源、资源、土地、环境等这些因素，中国现在都已经濒临危机，如果继续高速增长，则难以为继。

这种情况，中央政府和国务院在制定"十二五"规划的时候就已经预计到了，把"十二五"期间的平均增长速度定为7%，而且决定把我们的工作重点从过去的重速度、重规模、开发重大项目，转到重结构、重质量、重效益、重民生，这就是所谓经济增长方式的转变。用今天的话来说，就是结构优化、产业升级、打造中国经济的升级版。

但现在我们担心的不是经济放缓，而是在经济放缓的时候，政府能不能顶住压力，坚定不移地进行机构调整。我们的经济放缓完全符合经济规律，纵观全球，包括发达国家和新兴市场国家，一般情况下，在高速增长30年到40年以后，增速都会回落。

日本在20世纪50年代之后有25年的时间，GDP增长率达到9.8%，和中国差不多，后来就降到4%。从1992年到现在的经济增长速度是0.87%，安倍上台后，从2013年到2014年有所恢复，过去20年叫"失落的20年"。韩国和中国台湾也是一样。所以，全世界的经济增长规律显示，经济高速增长到第四个十年一般都会下降到4%以下，中国现在还是7%。

虽然中国经济的增长速度还很靓丽，但我们心里一定要认清这一点：GDP不仅仅是个数字的概念，不仅仅是个量的概念，决定GDP本质的是GDP的质量、GDP的技术含量，这是一个国家的竞争力。新加坡的一位副总理曾说了一句很不客气的话，他说你们中国过去30多年确实令世界瞩目，但你们没有什么竞争力，意思是你们都是低端制造业，你们就是凭借人口红利，以牺牲环境、消耗人力和物力为代价发展的。

因此，我们必须认识到，以后7%的GDP是什么样的GDP，不应该都是钢铁、水泥、平板玻璃，应该是有更多技术含量的GDP。另外，从历史阶段来看，中国人均GDP已经接近7000美元了，这属于中等收入国家。

中等收入国家有一个特点：跟新兴市场比，已经没有廉价劳动力的优势了，但和发达国家比，暂时不具备先进的技术，这就是所谓的"不上不下"。在这个阶段，由于人均收入提高了，社会的贫富差距拉大了，中国连续十年的基尼系数都超过了国际警戒线，这必然意味着社会矛盾加剧，人和人之间矛盾加剧，人和自然的关系不协调。如果我们不正视这些问题，很可能会跌入"中等收入国家陷阱"。

我们现在转型升级，适应中国经济的新常态，是每家中国企业都应该深刻认识的，或者说应该正确认识的。当然，新常态会面对很多问题，比如经济下行，这些问题是会引起方方面面的矛盾的。

具体地说，中国将面临增长动力的切换期、经济转型和经济结构调整的阵痛期，还有四万亿元投资的消化期。这三期叠加，就会使原有的增长动力"三驾马车"发生变化，而新的增长动力还没有完全形成，这就是新旧动力的切换，老的不能再继续了，但新的增长动力还没有实现。这个阶段是比较痛苦的，这也是一个过程。

我们现在面临很多矛盾，经济新常态本身就是对过去很多经济政策、经济行为和习惯的一种改变，所以需要适应。今天重点要讲的是：在这个新常态下，我们有没有机会？我的观点是：在这个经济转型的过程中，机会要比过去平铺直叙的上升机会大得多。大家都懂得"弯道超车"的道理，也懂得"变动中才有机会"的道理，不变动就没有机会。所以，我觉得在未来十年或者更长一点的时间里，我们有非常多的机会，总结起来主要有七个。

1. 战略性新兴产业加快发展的机会

"十二五"的初期，七大新兴产业占整个经济的比重只有5%，当时计划到2015年，这个占比要提高到8%，到"十三五"的时候要提高到10%。这就意味着从"十二五"到下一个五年计划，新兴产业的增长速度要在20%~22%之间，如果GDP平均增长率是7%的话，新兴产业的增长率将远远超过7%。

这不仅仅是一个目标，还有非常多的措施配合。所以，发展七大新兴产业对我们来说是非常重要的机遇。比如节能环保产业,未来五年内的投资需求据统计超过3万亿元人民币,其中仅固废处理投资就有望达到7000亿元,城市污水和垃圾处理投资超过8000亿元,而未来七年内,新能源的投资将达到5万亿元。

2. 服务业的跨越性发展和机会

国家服务业占经济总量的比例,发达国家平均在70%,美国在70%以上,全世界平均在60%,而中国只有45%。

我们国家2013年服务业的增加值首次超过了工业的增加值,服务业成了中国第一大就业主体,吸纳的就业人数远远超过了制造业。在我们国家,服务业有非常广阔的想象空间,既有原来传统的衣食住行,更有很多基于新技术的服务业。

照这个趋势,未来几年第三产业占GDP的比重将达到50%,也就是说,第三产业等于第一产业与第二产业之和。2014年上半年,服务业对GDP的贡献超过了资本的贡献,净出口的贡献则是负数。我们在过去这几年发生了很多变化,还有农村人均收入的增幅2014年已经超过了城镇人均收入的增幅,资本的输出已经超过了资本的流入,中国成了资本净输出国家,发生了很多历史性的变化。

3. 城镇化的机会

中国的城镇化率按照去年公布的数据是53%,但那时候讲的是以往的城镇化。2013年第四季度,中央开了一场特别的会议——城镇化会议,提出了中国"新城镇化"的概念。所谓"新城镇化",就是"人的城镇化",城镇化不仅仅是盖房子,不仅仅是把农民的房子盖得像城里一样。

所谓"人的城镇化",是指农民进城,不再是过去农民工到城里打工,那样的话他本质上还是农民,到一定时候还得回家种自己的自留地,那不叫城镇化。真正的城镇化是:现在已经在城里的2.6亿农民工首先要变成城里人,首先户籍要改变,不能是二元结构了;其次,他们要和城里人一样享受教育、养老和各种服务,享受城里人享受的一切,这是一个非常大的、勇敢的设想。

2.6亿农民工进城，这个巨大的变化会给我们带来非常多的机会，这和刚才说的服务业是有密切关联的。过去计算过，一个农民进城，国家至少要花10万元用于基础设施投资，那么算算2.6亿个农民的总量是多少？而且城里人的消费与农民的消费有着巨大的差别，前者大约是后者的3.6倍，当然，这是过去的数字，不一定准确。

总之，城镇化会从两个方面加大经济增长的动力：一个是投资，另一个就是消费。城镇化是我们未来二三十年经济增长的一个强大的推动力。过去30年，中国城镇化率每年几乎增长将近1%，这个速度也是世界各国历史上最快的。

4. 中西部地区崛起的机会

中国有所谓的中部崛起、西部大开发，现在看来，中央的这个政策已经有了效果。尤其是金融危机以来这两年，劳动力人口红利减少，中西部的发展机遇增多，这两年中西部的经济增长速度都是远超过东部沿海的。今天中西部和东部刚刚改革开放时的基础完全不一样了，他们已经有了非常好的基础设施，交通运输四通八达，立体交通，更重要的是他们的思想观念发生了重大变化，接受了改革开放。所以，今天中西部的崛起完全不必像东部沿海那样用那么长的时间。

还有一个优势，就是《福布斯》杂志算过的，叫作"城市经营成本指数"，即在不同的城市办企业，经营成本是不一样的。如果把在北京的成本指数定义为1的话，那么上海、广州、深圳、宁波等这些地方是0.87，西部只有0.67，比如武汉这样的城市。

也就是说，你在中西部办企业，成本比在北京节省30%多。当然，这个优势不能永远保持，现在要到中西部办厂、办企业，你也不能眼睛光盯住劳动力比东部便宜这个优势，这个优势转瞬即逝，一开始就应该把眼光放高，将来要靠资本密集型和技术密集型来取得优势。

5. 技术变革的机会

在中国，移动互联和大数据不仅给生产经营带来了巨大变化，也给人们的生活方式带来了巨大变化，这一点大家都感受到了。现在，中国的手机用量达到了13亿部，是世界各国最多的，移动互联网用户达到了5亿，也是全世界其他任何国家不能比的。

基于此，我们将来可以依托移动互联和大数据技术得以蓬勃发展。这里有个数据，中国2015年移动支付的交易规模会超过1.5万亿元，每年增长将近100%。加上现在的云计算、搜索引擎、移动终端、传感器的普及，一个大数据的时代扑面而来，会给我们的产业带来一次根本性的变革。

6. 中国企业"走出去"的机会

中国这几年已经成为净资本输出国家，即使是在金融危机的时候，我们"走出去"的步伐也没有放慢。当然，我们"走出去"可能会遇到很多挑战，比如制度、法律的挑战，贸易封锁的挑战，融资难的挑战，文化的挑战，等等，但从主流来看，中国企业"走出去"，应该是一个好时机。

欧美国家现在主动招商引资，特别是美国。美国认为，由"次贷危机"引发金融危机这类事情是不允许再发生的，所以又开始了再工业化的过程。另外，欧洲国家也积极欢迎中国企业到它们那里投资，有一些国家给予减税甚至是免税的优惠。但中国企业不能只看到欧美市场，还需要到新兴市场去投资。

7. 新兴市场业态的机会

过去统计局对行业的划分已经远远不够用了，统计局的指标体系要发生变化。现在有很多新的业态涌现出来，完全和过去不一样。这背后就是互联网信息化和大数据的推动，比如基于互联网技术的中介服务平台。

还有基于产业链、工业链的延伸和细分的业态，包括服务外包、服务配套、配件研发、商贸、物流类的企业，也是很好的机遇。

可以看看社交网络的趋势，像博客、微博、微信、交友、婚恋等即时通信类工具，无论是上哪儿吃饭还是买什么东西，人们的生活完全可以在互联网上进行，这些都是新的业态，都有非常广阔的想象空间。

企业家宁可踏空，不可断粮

许小年

中欧国际工商学院经济学与金融学教授

我们先看一下世界三大经济体的大概情况：美国已经走出谷底，正处在复苏的过程中，经济不断向上；对欧洲而言，最坏的时刻还没有到来；中国经济的调整才开始，下行的趋势会保持一段时间。

把这三大经济体放在一起比较，是为了从经济的基本面进行结构性分析。影响宏观经济的结构性因素有多个，我今天想强调其中之一，就是资产和负债的结构，从国家资产负债表失衡的角度分析全球金融危机以及中国经济增长的放缓。

大家都知道企业负债过多有什么后果，如果负债太多，现金流一旦出现波动，资金链就可能断掉。在这种情况下，即使企业的净资产大于零，还没有资不抵债，也可能破产。欧洲、美国都是如此，过度借债，现金流出现问题。

美国过度借债集中在家庭部门，按揭贷款借得太多，超出了家庭日常收入和财产所能支撑的范围，还债发生困难，从2007年开始，次级按揭违约率迅速上升，拖累银行，最终引起了全球金融危机。国家资产负债表失衡，道理和企业的资产负债失衡完全相同，只不过危机的表现形式不一样：企业表现为破产，银行追债上门；而国家层面上表现为整个金融体系的震荡，几乎使美国的金融体系崩溃。

既然金融危机的实质是国家资产负债表失衡，那么经济的复苏一定是以资产负债表的再平衡为前提条件的，要看资产负债表是否得到了修复，过度负债在多大程度上已经得到了纠正，负债是否降到了一个健康的区间，在这个区间内，经济就可以正常运行。

我们先看一下美国。这里我用按揭贷款余额除以GDP作为近似的资产负债比率，不是很准确，但可以说明问题。从2000年年初开始，美国人就在加杠杆，负债率越来越高，上升了30个百分点。大家设想一下，一家企业负债率上升30个百分点，对现金流会造成什么样的压力？这还只是家庭部门的负债，而不是整个国家的全部负债，几年时间上升了30个百分点，一定是要出问题的。

金融危机之后，美国人不得不削减债务，金融上的术语是"去杠杆化"。美国在金融危机之后迅速去杠杆化，到目前为止，资产负债比率和危机之前差不多了，过去的坏账基本清理干净。对美国经济的看好正是建立在这个基础上的，和QE没有太大关系。

QE就是美联储玩的一个障眼法，货币的数量宽松对实体经济没什么作用，所以现在退出，对全球经济也没什么影响，大家不必关注，真正要关注的是经济的基本面，也就是我们说的结构性问题。美国的资产负债表比较快地恢复平衡，这也是我在两年前就建议增加美元资产持有的原因。

欧洲的结构性问题比较严重，危机前加杠杆的趋势跟美国差不多，加到顶之后不行了，就开始往下走，但往下走的情况和美国不一样，去杠杆化非常慢。美国的市场机制比欧洲更有效，还不起债，马上把你的房子封了，银行拿去拍卖还债。资本主义以资为本，冷冰冰的。这事到欧洲干不了，欧洲版的"社会主义"说是以人为本，按揭贷款违约，银行不能把债务人赶出家门，法律上有规定，扫地出门太不近人情，人家一家老小到哪里去安身？所以要给几个月的宽限期，还带有附加条件。这样做的结果是银行的坏账不能得到及时处理，不能核销，去杠杆化的过程非常缓慢。银行不能恢复健康，经济复苏就没有希望。

其实，美国和欧洲都是以人为本，只不过是以不同的人群为本。不清理坏债，就要把银行拖垮，银行的股东、出资人就要遭受损失。所以，美国以股东为本，以资金的提供者为本；欧洲则以资金的使用者为本，以债务人为本。

这两个大经济体主要的区别在于市场机制的有效性。按市场规律办，看上去冷酷无情，但结构调整迅速，美国经济率先恢复。欧洲各国落在后面，仍在债务的泥潭中挣扎。几个摆脱了债务重压的国家，比如爱尔兰、希腊，它们的办法其实还是卖资产，没有别的办法。政府出售国有资产，居民还不起债的，对不起，你的资产最后还是要让银行拿走，拖是拖不过去的。西班牙开始也扛着、拖着，实在扛不住了，资本市场上有压力，欧盟也给它压力，必须清理银行坏账，西班牙同样是减少政府开支，出售国有资产，偿还或核销债务。现在比较麻烦的是法国和意大利，还在那儿拖着，拖的结果是经济没有办法恢复。所以，对欧洲而言，我认为最坏的时刻还没有到来，去杠杆化还没有完成。

中国经济的高杠杆问题现在刚刚显露出来。经济的短期增长明显放缓，放缓有多种原因，其中之一也是高度负债。政府和企业大量借债，搞投资拉动，投资的结果是产能的增加超过消费能力，造成各行各业的大量过剩产能。在过剩产能的压力下，企业现在不敢投资了，特别是制造业不敢投，最近房地产业也不敢投了，投资增速下降，经济增长就跟着往下掉。

投资不行了，消费是不是希望所在？很遗憾，消费不是想刺激就能刺激起来的，消费要有收入作为支撑。过去十几年里，中国居民的相对收入一直在下降，绝对收入还在增长，但是增长速度落后于GDP，落后于政府收入和企业收入的增长，以至于居民收入在国民收入中的比重不断缩小。清华大学的一项研究表明，1993年居民收入为GDP的63%，2007年降到52%。估计这个比例近几年还在下降，收入跟不上，消费对经济增长的驱动作用就会越来越弱。

结构失衡给经济带来风险，中短期的最大风险在房地产，房地产价格如果大幅度调整，地方政府的债务问题就会水落石出，接着就会牵连银行。经济结构出问题并不可怕，调整过来就好，在调整的过程中，增长速度不可避免地要下滑，但在调整之后，就可以迎来另一轮增长的高潮。

结构性问题造成了短期的需求疲软，投资和消费都不乐观，经济的运行势态可以从"克强指数"中的发电量看出。请大家注意，用发电量作为GDP的近似指标，并不是要预测下几个季度的经济增长，宏观的GDP和企业没有太大关系，企业做得怎么样和能不能准确预测GDP几乎没有关系。做企业不是判断大势踩准点，如果眼睛盯在宏观上，盯在政府什么时候出刺激性政策上，你的企业就危险了。

有人关心现在的微刺激会不会变成强刺激，我说微刺激、强刺激跟你有啥关系啊？即使像"四万亿"这种前所未有的刺激，也不过维持了两三个季度的繁荣。在结构性问题没有得到解决之前，政策的作用注定是短期的。

我认为再推出强刺激的可能性不大，原因一是政府意识到了"四万亿"强刺激的严重后果；二是缺乏强刺激的资源，货币发行没有太大的空间，财政政策方面，中央政府也许还有些余力，但地方政府已经负债累累；第三，本届政府的思路是通过改革创造新的红利，而不是政府花钱和印钞票。在改革方面确实也做了一些事情，尽管不到位，但方向还是应该肯定的。

从宏观层面分析的结论是：需求很快好转的希望不大，要等消除了过剩产能后，投资才能恢复，消费则取决于收入结构的调整。由于阻力大、方法不得力，改革红利也不是马上就可以看到的。这对企业来说意味着什么？企业将在长期的低增长环境中运行，我想强调低增长的长期性，因为目前的增长放慢不是周期性的，而是结构性的，结构性问题的解决需要时间。

在这样的环境中，企业该怎么办？收缩战线，回收现金，宁可踩空，不要断粮。对于收缩战线，有些企业感到纠结，有一种矛盾心理，现在收缩了，刺激性政策一出台不就踩空了？我想说踩空不怕，以后还有机会，要是现在断了粮，以后就没机会了。

在收缩战线的同时，建议大家认真思考转型。说到转型，我的观察是谈得多做得少，之所以如此，可能是因为企业还没有到生死关头。人都有惰性，习惯一旦形成，让他改很困难，不到生死存亡的关头不会改。在宏观层面上，我们希望看到增长模式的转变；在企业层面上，希望看到经营模式的转型，而阻碍转型的，主要是认识上的问题。

我们要认识到：第一，低成本扩张、抢占市场的时代已经结束；第二，低成本获取技术和产品的时代也已经结束。过去国内、国外有未满足的需求，也就是有现成的市场，产品做出来不愁卖，跑马圈地，看谁的速度快、产量大、成本低。现在不一样了，市场迅速饱和，房地产业就是一个突出的例子。今后再想拿市场，必须从同行手中拿了，不是"占"，而是从别人手里"抢"。

过去我们生产简单的产品，现在低端市场都已饱和，高端的你仿不了，必须通过自己的研发，才能掌握能够打入市场的技术。这是一个全新的经营环境和全新的竞争环境，要想扩大市场份额，必须从同行手中抢夺市场，现有的产品卖不动了，要用新的产品打入市场，必须进行研发，这是很大的挑战。

不少企业意识到转型的重要性，必须创新，但不知道怎么去创新，觉得转型的风险更高。有一句话很流行："不转型创新是等死，转型创新是找死。"那么，为什么企业的创新能力长期处于低水平呢？

深入观察，内心世界的缺失是一个原因。按说每个人都有自己的价值观，仔细分析会发现，中国人的个人价值通常是用客观标准衡量的——他们非常在意别人怎么看他们——而不是主观的、发自内心的感受。什么叫成功？他们认为成功有客观标准，企业的成功是用销售额、市场份额衡量的，企业家就要看他住什么样的房子、开什么样的车子。每天想着销售额和市场排名，他当然只求做大而不求做强。商学院的学生在一个班里，班长的企业是上百亿的销售额，几个亿或者几十亿的只能做班委而当不了班长，好像个人的价值和成功都体现在企业的规模上。企业的经营也喜欢看别人是怎么做的，他为什么做那么大？因为他进了房地产业，所以我也要进。攀比、模仿，而不是发自内心的冲动，没有内心的冲动和激情，怎么可能有创新呢？

乔布斯对创新的执着追求已经不能用赚钱来解释了。两年前我到加州参观脸谱公司，同行的朋友问扎克伯格为什么要办这样一家公司。他说，让六亿人在一个平台上交流是件很酷的事。扎克伯格没有提他和几个小伙伴当初的动机——上传女生的照片，评比谁更漂亮。不管什么动机，都是发自内心的冲动。财富当然也是创新的激励，但不是唯一的甚至不是主要的激励。钱可以给人带来幸福感，但这种幸福感衰减得很快，你赚到第一个100万时欣喜若狂，赚到第二个100万时笑笑而已，第三个恐怕就觉得很平常了，这个现象在经济学上叫作"边际效用递减"，内心精神上的驱动就没有这个问题。

如何建立自己的内心世界？人的一生应该追求什么？其实没有统一的答案，个人价值也没有客观的标准，全凭你自己的感受和感悟。

另一个与创新相关的概念是价值创造，企业存在的意义就是创造价值。有人可能会问，企业不是要赚钱吗？一点不错，企业要为股东赚钱，为了持续地赚钱，企业必须为社会创造价值。赚钱和创造价值之间的区别就在于可持续性，如果没有创造价值，你今天赚了钱，明天可能就赚不到了；如果创造了价值，你今天没赚到钱，明天、后天一定可以赚到。

什么叫创造价值？我的定义有两个：第一，你为客户提供了新的产品和服务，客户可以是企业或者个人消费者。比如智能手机，苹果公司提供了一种全新的产品，满足了人们的需求，更准确地讲，是创造了新的需求，在这个过程中，苹果当然创造了价值。腾讯推出微信服务，人们因此获得了新的交流沟通手段，社交和私人生活也因此更加丰富，这也是价值创造。第二，你可以提供现有的产品和服务，但是你的成本更低，从而价格更低。通俗点讲，为客户省钱了，你就为他们创造了价值。

搞清楚创造价值和赚钱之间的关系，有助于我们思考自己的商业模式和转型方向。转型一定要转向价值创造，以价值创造为基础，企业的发展才可能持续。以互联网金融为例，现在一窝蜂地上，看上去都赚钱，但大多数不可持续，因为它们没有创造价值。做信贷生意，最困难的是信用评级，准确估计每个客户的违约风险，才能决定贷款的利率和数量，这就需要收集和分析客户公司或个人的财务信息。

很多企业和个人过去在淘宝网上交易，阿里巴巴利用这些交易信息估计它们的财务状况和违约风险，根据信用等级发放贷款。你搞一个网站，只是把借方和贷方拉到一起，但你没有信息，无法评估信用等级，你的价值创造在哪里呢？阿里金融提供了低成本的信用评级，它创造了价值，因此它的商业模式是可持续的。

很多企业家想更好地判断形势，判断政策走向，这当然可以帮助企业赚钱，但并没有创造价值。你踩点踩对了，赚到了钱，但一定有企业踩错了，你赚了它们的钱，就像炒股票一样。从社会总体来看，猜宏观、猜政策不能创造价值，仅仅是在企业之间重新分配价值而已，宏观分析所带来的社会价值总和等于零。所以，我建议大家不必过度关注宏观，要把精力和时间用在企业的价值创造上，思考自己企业的核心竞争力。

经济有周期波动，上上下下很正常。一家好的企业，并不是看上升期扩张得有多快，而是看下行期能不能撑得足够长。建议大家多花点时间读书和思考，思考如何转型以及如何创造价值。

中国经济转型与企业家精神

张维迎
独立经济学者、原北京大学光华管理学院院长

企业家是转型的核心之一

所谓的中国经济转型是什么意思？我们知道，这个转型包括两方面。

一是从计划经济向市场经济的转型，从1978年开始，到现在仍然没有结束，什么时候结束我们也不知道。在这个转型过程中，企业家是完成这个转型的关键，1984年，我写的第一篇文章发表在《读书》杂志上，是一篇关于企业家的文章，时代需要具有创新精神的企业家。

二是近几年谈得很多的，就是整改方式的转型。这个转型是从配置效率的提升推动创新驱动的整改，核心也是企业家。要理解这一点，我们需要一些理论，我先给大家介绍一下一般的整转理论。一个是新古典增长模式，讲的是产量、生产从哪儿来，从三个方面来。第一是资本的积累。我们有越来越多的设备、越来越多的厂

房，这和农业时代不一样。第二是劳动力增长。第三是技术进步。在新古典增长模式里，技术进步是外生的，什么原因带来的？我们不去讨论，总之是技术进步带来了整转。

我们做的主要是资本的积累，是从20世纪50年代开始的，中国搞的计划经济跟这个整转模式是相符的，我们认为中国的民间进行积累的力量很弱，所以要借助国家、政府的力量进行积累，这叫作强制的储蓄，比如农产品价值压得比市场价格低。这种整转模式没有整转的机制，也没有结构。我们似乎觉得有量的增长，资本增加了，劳动力增加了，我们就可以有经济增长。我认为问题是很多的，包括资本为什么会积累，技术为什么会进步，这些增长模式都没有告诉我们。

第二个增长模式是我们现在用得很多的，就是凯恩斯主义的增长模式。GDP的增长代表经济增长，GDP包括三部分：消费、投资和进出口，这成为"三驾马车"。按照这样一种理论，经济增长来源于总需求的增长，我们要刺激消费、刺激投资、刺激进出口，出口超出进口的那部分才能对经济增长做出贡献。这种模式的政策含义是什么？就是要维持经济增长，我们就用国家宏观的货币政策和财政政策来刺激总需求，包括现在讲的要扩大内需，实际上也是建立在这种模式的基础上。可以说当今中国好多人喜欢这种模式，包括外商的投资，投资银行的分析师分析中国经济，需求怎么变化，有哪些消费需求、哪些投资，看政府的货币政策，要建立储备金，都是建立在这样一个模式基础上。

我认为，这个模式错得离谱，因为这"三驾马车"只是GDP的构成，本身不构成增长的源泉。我们讲投资，投资是增长的重要源泉，但是不能从需求的角度理解，投资本质上提供了供给，投资伴随着技术的创新使我们的生产力提高。但按照凯恩斯主义的增长模式，我们只要投资就有需求，就有GDP，这造成了现在中国面临的好多麻烦。更离谱的是消费，我们发展生产本来是为了消费，但在这个模式里，消费只是一个手段，我们的目的是GDP的增长。如果投资不行的话，我们怎么刺激消费？就像我们在2008年为了保持8%的增长速度，家电下乡进行各种补贴、鼓励买二手房，等等，这完全是本末倒置的。这个政策带来的后果非常严重，现在中国经济面临的困难就与2009年时凯恩斯主义的刺激政策有关。当我们面临新的困难时，我们还试图继续用凯恩斯主义的政策去解决它，我认为问题会越来越严重。我们需要真正理解经济是怎么发展、怎么增长的。我想我们应该放弃凯恩斯主义的增长模式。

亚当·斯密的经济增长模式

下面我给大家介绍一下斯密的经济增长模式。

这种模式非常简单，一个国家的财富要增长，国民收入要增长，要依赖劳动生产力的提高，即一个劳动者在单位时间内可以生产更多的东西，而劳动生产力的提高主要依赖于创新和技术进步。技术进步依赖于什么？依赖于劳动分工和专业化。这个道理非常容易理解。一个人如果做好多事情，是不可能做好的，必须专注于一件事，而且专注的面越窄，越能把这件事做得好，并且他越会不断地想出一些新的办法，进行改进，提高效率。而分工要依赖于市场交易和市场规模，我们要分工，要有市场。市场规模对我们认识经济问题来说非常重要。这当然不是亚当·斯密最先发现的，两千年前中国的荀子、西方古希腊的色诺芬尼都明确讲了。当一个村庄很小的时候，这个村庄不可能养得起专业化的人员。如果村庄很大，就可以养活很多专业人员，分工就越来越细。

按照亚当·斯密的增长模式，我们看到市场规模越大，分工就越细；分工越细，创新就越多，技术进步越快；技术进步越快，经济发展就越快，财富积累也就越快；财富积累、收入增长以后，有可以进一步拓展市场。这样就形成了正循环，经济增长就是在这样一个循环中进行的。

这个模型对我们认识问题来说有很多非常重要的意义，尤其是对企业家非常重要。第一，经济增长一定是源于一个分工链条不断拉长，原来由一个人做的事，现在由2个人、10个人、100个人甚至10,000个人分成不同的东西来做，经济增长一定是专业化程度不断地加深。第二，需求结构和产业结构一定是在不断变化的。我尤其强调一点，在经济增长的落后阶段，物质的需求比重比较大，而越到后来越是非物质的、看不见的，包括我们讲的软件，这些东西的份额就变得越来越大。

比如，早期90%的人都在土地上种粮食，甚至做服装都是副业，而今天任何发达国家种地的人只占1%~2%，这1%~2%的人解决了90%以上的人的吃饭问题，像美国2%的农业人口解决了不仅美国人还有世界上好多人的吃饭问题。所以说我们在自然经济下，一个人既要生产粮食又要做衣服，这是自给自足，现在可能是一个人专门种粮食，另一个人专门做衣服。而且我们要认识到一点，在经济发展中不仅是原来的价值链条在拉长，更重要的是，我们原来想象不到的东西出现了，在我们人类的传统需求中没有的东西现在大家都在用。比如原来没有的手机，现在很普遍。

这是亚当·斯密告诉我们的一些非常重要的理论。

企业家创造了市场和分工

但是，亚当·斯密这个增长模式是有问题的，第一，市场是怎么出现的？第二，这个分工是怎么形成的？对此分析得比较多的是100多年前奥地利经济学家熊彼特的《经济发展理论》一书，这本书中讲到了企业家精神，企业家是经济增长中的"国王"。如果把这个理论嵌入刚才讲的亚当·斯密理论中，我称之为"修正的斯密经济增长模型"，这个模型的中坚是企业家。

第一，市场。市场本身不是自然存在的，不是已经有一种需求，企业家去想办法满足它。企业家最重要的任务是发现市场、创造市场。我们习以为常的一些东西，好比电脑市场、软件市场，原来都是没有的，再比如方便面市场也是没有的，原来只有面粉市场，这些都是企业家创造的。所以说企业家要发现、创造市场。

第二，分工。分工也不是自然出现的，而是企业家创造的。其实，企业家的每一个创新都在创造一种新的分工。最典型的是比尔·盖茨，在他之前是没有软件产业的，软件和硬件是在一起的，是比尔·盖茨创造了软件这样一个产业。很多经济的工具和生产方式也有了变化，原来我们是直接生产，现在是迂回生产，比如现在种麦子先要生产收割机、生产育苗，这都是企业家创造的。其实，创新本身就是企业家的一个基本功能。创新和分工又是相互作用的，分工越细创新越多，创新反过来又带动了分工。从某种意义上讲，没有创新，好多分工是不可能的。以刚才讲的方便面为例，如果没有生产方便面的机器，靠过去的擀面杖去擀面，就不可能有方便面这个市场，不可能有这种分工。

经济发展之后，新的财富怎么变成新的市场？这也要靠企业家的功能。可以说我们中国的企业家在这方面做得比较差。为什么现在有好多的产能过剩？根本原因是没有创造出新的市场、新的需求。企业家没有把增加的财富和收入变成新的市场，只是在重复原来的生产，只是在原来的市场上进行重复制造，所以就出现了产能过剩。可见企业家对整个经济增长有多么关键的作用，无论是市场的发现、分工的出现、创新，还是收入变成新的市场，都要靠企业家精神。

企业家的功能

　　接下来我稍微详细地给大家解释企业家在做什么。企业家主要有两个方面的功能：第一是发现不均衡，第二是创造不均衡。经济学家喜欢用均衡分析的方法，所谓均衡，就是所有的资源都得到了最有效的配置，没有赢利的机会了。企业的所有收入本身都是成本，你的销售收入都化为工资收入，比如地租、利息、原材料成本，没有任何经济利润可言。当然，你可能有一些快捷利润。企业家要发现这个社会中资源错配在什么地方，发现这种不均衡，然后因为追逐利润而选择生产，最后纠正市场的错误，使资源得到有效的配置。

　　第二，创造不均衡。假如市场已经均衡了，没有利润可言了，这时候怎么赚钱？就是打破均衡，靠创新。举个例子，电脑市场几年前就饱和了，中关村卖电脑赚的钱就是搬运工的钱，赚的钱可能没有卖天津煎饼的人多，这时候已经没利润了。苹果的iPad（平板电脑）彻底打破了均衡，创造了新的产品，那么它就有利可图。

　　当然，这两个功能总是结合在一起的，没有办法把它们彻底分离，但在理论上，我们仍然可以做这样一种区分，这对我们认识企业家的功能来说是非常重要的。

　　接下来介绍一下"发现不均衡"的含义。发现不均衡其实就是发现套利的机会，因为资源没有被有效地利用，所以发现不均衡以后就可以赚钱，这叫作"套利"。套利分为三种类型：跨市场的套利、跨时间的套利、产品市场和要素市场之间的套利。

　　跨市场的套利其实很简单，你发现某些东西在一些地方很便宜，在另一些地方很贵，然后你从便宜的地方倒到贵的地方卖就赚钱了，这就是商人。不同的市场有好多知识，好多商人也是旅行家、行商，到处走，就变成企业家了。从古到今有很多例子，我从古代的企业家开始讲。司马迁的《史记·货殖列传》里讲了30多个企业家，都是套利型的企业家。汉武帝之前中国的市场是比较自由的，是中国历史上最为自由的时期，那时候出现了好多大商人，比较有名的如吕不韦。我们知道吕不韦是个行商，他在韩国都城和赵国都城之间经商，不论任何商品，只要低进高出即可，所以他变成了大富豪。《货殖列传》中讲到，子贡利用卖贵买贱的方法在曹国与鲁国之间经商，也赚了大钱。举一个近代的例子，我们都熟悉的"红色资本家"阿曼德·哈默，哈默怎么变成一个企业家的？他作为哥伦比亚大学医学院的学生去苏联搞救死扶伤，苏联当时发生了饥荒，他发现苏联有很多珍贵的皮毛和宝石，这些东西在美国很值钱，但在苏联根本不值钱，没有人要。另一方面，苏联粮食短缺，而粮食在美国大量过剩，被烧掉倒在海里。这时候他给他的哥哥发了一份电报，说你给我收购多少小麦，我给你收购多少皮毛，这件事情一做，他俩都变成了大富豪。我们改革开放初期的一些企业家，"投机倒把""长途贩运"的人都是这样，比如联想的柳传志一开始就是做跨市场的套利。还有国际"倒爷"，都是这一类的企业家。

　　这种套利行为，我们通常认为它不创造价值，其实这种看法是错误的。这种套利行为使资源得到了更有效的配置，纠正了市场的不均衡，形成了统一的市场，实际上增加了社会的总财富。不过，随着套利的人越来越多，套利的空间越来越小，赢利的机会越来越少，也就是说一开始很赚钱，随着时间的推移，别人开始模仿你，你搞计算机，别人也搞计算机，最后搞到利润为零，这就均衡了。

　　第二种套利是跨时套利，当下买进他们认为便宜的货物，等待高价时出售。这依赖于企业家的判断，判断对了就赢利了，判断错了就亏损了。历史上有很多例子。刚才讲到的《货殖列传》里的有个人叫计然，他给越王勾践出主意，勾践用他的方法治国十年，越国富有了，灭了吴国；范蠡用他的方法治家，赚了巨万家产。还有个例子是宣曲任氏，其祖先是督道仓吏，在秦朝败亡时豪杰都争夺金银珠宝，而任氏独自用地窖储藏粮食，后来把粮食卖了赚了大钱。再举一个例子——古希腊哲学家泰勒斯，他比孔子还要早，被称为西方哲学史上第一个哲学家。他预测到某一年橄榄会大丰收，这年年初他就收购了所有的橄榄榨油机，后来果然橄榄大丰收，他把榨油机卖了，赚了大钱。经营市场上很典型的就是跨时套利，成败取决于对未来的判断正确与否。

第三种套利是产品市场与要素市场之间的套利。跟前两种套利不一样，企业家发现有些人无所事事，有些要素是闲置的，而有一些产品却供不应求，如果将无所事事的人组织起来生产供不应求的产品就可以赚钱。从这个意义上讲，企业家是组织者，不是简单的商人，商人可以自己做，而组织者需要具有好多其他的能力，其中组织能力是非常重要的。改革开放初期很多乡镇企业家做的就是这种套利，而个体户是跨市场的套利。农村有大量的劳动力，特别是包产到户之后，一家的地一个劳动力种就够了，另外两个劳动力没事做，乡镇企业家把这些劳动力组织起来去生产，满足市场需求。再如，上海的退休工程师没事干，企业家可以每个月花几十元钱把他雇来创造财富。外资企业在中国的投资也是一种套利，同样一个软件工程师，在美国花50万美元才能请来，在中国只花10万元人民币就能雇来，这样本来在美国做的东西可以挪到中国做。可见要素市场之间的套利，就是这样赚钱的。PE（私募股权投资）本身也是一种套利行为，比如美国有大量的过剩资本，中国的企业家有想法而缺少资本，就可以把美国的资本拿到中国进行套利。

要素市场和产品市场之间的套利的利润是这样发展的：一种产品一开始短缺，但随着竞争者越来越多，价格会下降；要素价格包括劳动力价格一开始很低，因为他没事干，给点钱就干活，如果更多人想雇他的话，那他就可以搞竞价，结果要素的价格越来越高，利润越来越低，最后趋于均衡就不赚钱了，这样就达到了我们说的均衡。

总结一下，企业家发现不均衡的套利行为，可以提高要素的配置效率。假设产品是给定的，有玉米和大豆，土地只能生产那么多，可以全部生产玉米，也可以全部生产大豆，中间可以替换，可以少生产玉米多生产大豆。企业家的套利行为和发现不均衡，就是把A挪到B，B挪到C，到C以后发现均衡了，就不赚钱了。接下来看有没有办法把生产的可行性往外移，要创新，创新就是打破均衡。苹果公司的成功就是因为乔布斯的iPad打破了电脑市场的均衡。其实，早期的工业革命也是打破均衡。比如英国工业从纺织业开始，纺织业一开始是手工的，有人负责织布，有人负责纺纱，但是飞梭发明之后提高了织布的速度，打破了这个平衡，出现了严重的"纱荒"，一系列革命就这样开启了。

创新需要对人性有深刻的理解

熊彼特对创新的定义是实现新的要素的组合，区分以下几种：第一，引入新的产品。第二，引入新的生产方式。第三，开辟新的市场。汽车在亨利·福特之前只有富人才用得起，是福特发现了穷人的市场——工人阶级也能用得起的市场，这就是创新。第四，发现新的原材料。第五，引入新的组织方式、管理方式，包括一般讲的商业模式，都可以归结为这一种。

创新在我看来就两个方面：第一，怎么提高总价值？第二，怎么降低成本？我们知道，任何一个产品（不只是已有产品，也可以是脑子里想象的产品），用总价值减去生产成本，剩下的部分归你和消费者分享。你分享的是价格大于成本的那部分，就是你的利润，而总价值大于价格的部分是消费者获得的，我们称之为消费者剩余。差额越大，你给消费者带来的好处就越多，同时你自己也越赚钱。这个要靠创新，创新至少体现在一个方面，假设成本不能降低，原来人家愿意付10块钱，你生产出了人家愿意付11块钱的东西，你也可以赚钱。所以说创新在本质上就是想办法扩大总价值和成本之间的差额。至于这部分怎么分配，依赖于价格，价格依赖于市场竞争，如果只有你一家做出来的话，定价可以接近消费者认为的总价值，如果竞争者比较多，定价需要与总价值有一定的差距，当然如果低于你的成本，你就亏了。

我们知道，降低成本大多靠管理和技术的创新，而总价值依赖于企业家的想象。在这里我提一点：想要创新成功，非常重要的一点是对人性要有透彻的理解。伟大的企业家都是对人的心理有非常好的理解。我们区分三类企业家，第一类企业家能够识别消费者自己都没有明白的需求。刚才讲企业家满足消费者的需求，其实消费者并不知道自己需要什么，实际上是企业家去想象消费者需要什么。第一类企业家创造的是一种新产品、新产业，是原来没有的。检验者是消费者，而消费者不会告诉你他需要什么，你的产品生产出来以后他如果不买，那你就完蛋了。现在中国好多企业的新产品，在技术上确实是生产出来了，但经不起消费者的检验，所以无法成功。第二类企业家满足市场上已经表现出来的需求，要住房你就盖房子，要穿衣服你就做衣服，饭馆、汽车、计算机等，都可以比别人做得更好。第三类企业家按订单生产，这是最简单的企业家行为，这类企业家是比较少的。但第一类企业家更少，引领产业发展、引领经济的领袖基本都属于第一类企业家。在中国，第一类企业家不能说没有，但是很少，像马化腾、马云，我认为是第一类，而大量非常有名的企业家可能还够不上第一类。我希望未来中国有越来越多的第一类企业家，他们是最重要的。刚才讲的套利型企业家，他们需要非常重视对市场的了解，而创新型企业家有时候不搞市场调研，像乔布斯并不搞任何市场调研，但是生产出的产品消费者拿到以后喜欢得不得了，这才是最伟大的企业家。如果企业家每天问消费者需要什么，那我觉得就比较差劲了。举个例子，假如你有一家装修公司，人家请你装修，你问客户要怎么给他装修，全部问客户，那你这家公司肯定要完蛋。如果你看了房子能够马上提出一套方案，客户一看正是他所需要的，这样你的公司才能赚钱。

创新和模仿区分开来并不容易，山寨从某种意义上来说也是创新，我今天讲的是严格意义上的创新。创新的利润和套利是不一样的，套利的利润一开始很高，逐渐趋于零。创新的利润一开始是负的，你投入很大，但是没有人买你的产品，或者你的规模达不到。随着市场被发现、你的产品被更多消费者接受，你的利润会越来越高。但是到了一定程度以后，别人就开始模仿你，开始跟你竞争，然后你的利润就开始下降了，最后也趋于零。企业为什么要不断创新，就是因为没有哪个产品能让你持续地生存下去。好的企业一定是在已有产品最赚钱的时候就开始搞新产品的开发。在中国，很多企业夭折了或者搞得不是很成功，就与此有关。我记得20世纪80年代，四通的电子打字机很赚钱，可是计算机进来之后打印机就没人要了，四通没有把它从打字机中赚的钱真正用于计算机的开发。

很多企业都始于一个想法

创新究竟是什么？我觉得创新其实很简单，就是你有一个想法而已，这个想法是常人没有的，是一般人想象不到的，你想出来以后，别人觉得你是异想天开，根本不可能实现，这很可能是一个伟大的创新。当然，你要把这个想法变成消费者愿意埋单的东西，如果你做出来的东西消费者不愿意埋单，那就说明你这个创新是失败的。我们过去200多年的经济史，而这基本上就是企业家不断创造出新产品的历史。我们今天消费的好多东西，三四十年前谁都想不到，150年前没人能想到的东西，100年前就出现了，而且市场不断扩大，这就是企业家做的事情。

我给大家举几个很有意思的例子。宝洁公司生产的一次性尿布现在市场上已经很多了，1956年，市场上一次性尿布只占1%，是强生公司生产的。这里不是技术问题，是成本太高，花了十年时间，降低了生产成本，这才替代了重复使用的尿布，一次性尿布普及了，变成了一个大市场。索尼公司1956年第一台家庭录像机售价5500美元，但是公司要求技术人员们必须做出550美元的机器，最后成功了，从5500美元到550美元，降到原来的10%。这就是企业家的想法，把产品变成每个家庭都能用的东西，前提是每个家庭都买得起，那么价格就不能太高。如果只是在技术上生产出来，成本高就卖贵一点，这不是企业家的作为，企业家要想我的市场有多大、我究竟要卖给谁。索尼让这个想法变成现实，做了20年的努力。

再比如吉利刮胡刀。吉利这个人是个小商贩，到处卖小东西。刮胡子很麻烦，他想能不能发明一种真正便捷的刮胡刀，问了很多技术人员，坚持努力了20年，做成了，这家企业现在仍然主导着刮胡刀市场。福特汽车也是始于一个想法——让每个人都能用车。联邦快递改变了整个美国的航空运输业，现在讲的物流的基本思路都是从它那里来的。阿里巴巴、微软、QQ、微信、新东方等，好多企业都是始于一个想法，它们都成功了。这些想法里包含人性，我不是做广告，马化腾的微信就包含对人性本身的理解。每个企业家都应该多多地思考这个问题。

中国的企业家过去做了些什么？大致来讲，到目前为止做的主要是套利，发现市场的不均衡，通过改变资源的配置效率来赚钱。但是这种套利行为，赢利的空间越来越小，未来我们究竟应该怎么做呢？其实套利型的企业家从古到今一直都有，而创新型的企业家是近代才出现的。2000多年前，司马迁在《货殖列传》里写的全是套利型的企业家，没有创新型的企业家。200年前人类能够消费的产品品种是10的2~3次方，现在是10的8~10次方，实在没办法想象有多少产品，这些都是企业家创造出来的。这是中国企业家现在面临的问题，与中国发展的大趋势相关。我们知道，中国过去30年走过了西方200年的道路，那么中国人凭什么用30年走过西方200年的道路？是我们中国人聪明？如果聪明的话，那我们早走过了。是体制优越？现在有人这么思考：我们之所以比他们发展得快，是因为我们体制优越，这叫中国模式。对这个说法也有疑问。在我看来,这个问题的答案很简单:别人在修路,我们在走路,走路花的时间比修路短,这是很自然的。我们可以看一下,今天我们用的所有产品,有哪些真正是我们原创的,很少很少。一些山寨版的产品,基本技术全是人家的,一些赚钱的产业,比如造船、汽车、钢铁、软件、计算机,都不是我们的。我们是后发,叫作后发优势。这种后发优势是西方的技术加上中国的劳动力,前提是我们开放市场,计划经济没有办法利用后发优势,但我们还是利用了一些。我们这种经济可以叫作继生经济。我们能利用的技术已经用得差不多了,更先进的技术人家不让我们用了,人家淘汰的我们可以用。德国人20世纪70年代把捷达汽车淘汰了,中国上海20世纪80年代引进来,仍然赚了很多钱。现在这个空间越来越小,这就是我们第二次转型面临的问题。

从技术到市场的转型,我们可以靠套利型的企业家,他们敢冒险,在要素市场和产品市场之间进行套利,然后不断地使经济走向市场化。现在我们面临如何从套利效率驱动的增长走向配置效率驱动的增长的问题,这也要靠企业家。斯密模型没有办法解释我们的模型,靠资本积累、靠宏观政策来刺激转型,这是永远不会成功的,尤其是对第二个模型来讲。企业总是找最简单的办法赚钱,如果政府的宏观政策很宽松的话,卖什么东西都可以赚钱,那就没有真正的压力去创新。从这个角度讲,政府的刺激政策恰恰是阻碍中国企业创新和转型的重要因素。

我还想讲一个观点,我认为市场有广度和深度的区分。广度就是量,深度是值,它的附加值。中国的人口基数很大,任何一个市场从广度来讲都很大,中国的企业家可能不太善于开发市场的深度。你去国外的商场看看,里面人很少,半天不进一个人,照样能活下去,但中国的商场客流如果不是很大,就不容易活下去。为什么?我们只能做广度的市场,而不能做深度的市场。要把市场做深的话,很显然要搞创新的东西,不论是我前面讲的五种创新里的哪一种,至少要有一种，如果一种都没有的话，那你是不可能做成这个市场的。

大数据不能代替企业家

最近有一个炒得火热的概念——大数据，好多书和文章都讲到它。大数据改变了我们的生活、工作以及我们思考问题的方式，原来都是用抽样样本，现在变成了全样本，每个人的消费数据企业都可以掌握。我现在必须跟大家讲一点，大数据不能代表企业家，凡是企业家能做的，一定是大数据无法做的事情。所有通过数据可以得出的结论都不是企业家思考的问题。大家想一下，40年前，就算那时候有大数据，你能预测到软件产业？不能，只有比尔·盖茨能想到软件产业。同样，五年前有大数据，你能预测到微信吗？你预测不到，只有马化腾能想到。企业家总是面对着无法用数据分析来得出结论的问题。

企业家究竟是什么样的一类人？我们自己思考一下，我们面对着不确定的世界，风险和不确定是不一样的，风险是可以用概率分布计算的。企业家做的所有决策都是没办法用概率计算的，他们面对的完全是一个未知的世界，比如在没有任何软件的时候，比尔·盖茨想到了软件。企业家对未来市场的判断能力是非常重要的，要有赢利的警觉。哈默去苏联救死扶伤，旅游一趟就可以发现市场，当然有不确定性，要承担损失。我们一般人认为企业家在承担风险，其实他们有更大的自信，他们的好多判断都依赖于自己的想象，这一点非常重要。

以此来看，我们怎么去培养企业家？我觉得我们没有办法培养企业家，企业家是天生的，他们是一种怪物，就是跟其他人不一样。他们可能很贪婪，也可能为了高尚的目的、为了国家利益办事，但他们就是与众不同。我们的政府应该做什么？就是要创造一个制度环境。什么样的制度环境？我认为包括三个方面：第一，自由，心理的自由和行动的自由。如果没有心理的自由和行动的自由，我不认为能真正出现创新型的企业家。企业家最初的想法都很古怪，而我们现在一想到创新，事先就老想给它设一个框框。大家可以想象100多年前发明飞机的时候，如果政府出一份怎么监管航空业的文件，那我估计人类到现在都做不成飞机。创新一定会面临不确定的未来，人类只有心灵自由，才可能创新。那时候想着在天上飞，一定是有风险的，现在一些西方国家想把人类送到太空旅游，在我们国家想都不敢想。现在离地三尺就属于航空管制，好多生产民用飞机的企业都做不起来。自由很重要，虽然我们觉得自由，但实际上我们很不自由，这就是创新出现不了的原因。

第二，稳定的预期。稳定的预期最重要的是法制，法制一定是保护自由、保护私有产权的，产权的保护也非常重要。

两百年前，亚当·斯密讲一个国家要从最原始的状态发展为最大限度的繁荣，除了和平、轻税赋和宽容的司法行政外不需要其他东西。一个企业要赚钱，和平当然很重要，但从历史来看，和平不是必要的，我们知道好多企业在打仗的时候发展非常快，有些人是发战争的财，也有好多人不是。

面临的障碍是：经济方面，国有部门太强大，国有企业与公平竞争不相容，政府管制太多，金融不自由，私有产权得不到有效保护；政治体制方面，司法不独立，权力没有关在笼子里，寻租和腐败。

经济发展不能依靠产业政策

中国有不少人推崇产业政策，我的研究发现，几乎没有一项产业政策是成功的。那为什么人们还推行产业政策呢？我想只有两个原因：一个就是无知；另一个不好听，就是无耻。从理论上讲，产业政策建立在这样一个假设下：政府官员比企业家更有能力判断未来。我觉得这是完全错误的，坐在办公室里的人怎么比企业家更能知道什么是未来的产业？看看美国那么多年发展的产业，单纯由政府批的话，哪一个能出现？现在很多产业发展得好，都是政府不懂的时候做起来的，一旦政府觉得懂了，这事可能就麻烦了。

光伏产业本来是私人做起来的，一开始发展得不错，政府一旦认为它是战略性产业，就会大力支持，各地免税，给各种优惠，到处开花，结果把这个产业毁了。这是毁掉的一类，还有扼杀掉的一类。20年前李师傅生产汽车，我们的主管部门告诉他生产汽车很复杂，一家民营企业生产汽车不是找死吗？李师傅说，给我一个找死的机会好吗？我们有大量的历史经验和理论证据可以证明产业政策是不可能成功的。包括我们的软件园，我们希望提供的是一个环境，包括硬件环境，更重要的是软件环境。中国的硬件环境比世界上好多国家的都好。比如中国的大学，现在中国的一所三流大学的教学设施比美国的一流大学都要好，尤其是这几年特别好。但是，我们的软件环境在什么地方？最重要的是软的制度而不是硬的制度，这是我们必须记住的。我给大家的忠告是，做什么事一定不能跟着政府的产业政策走。当然，我知道大家会忍不住，因为政府会给你优惠，人都是贪婪的，政府给我几千万，我干吗不要？但这很可能会让你走入歧途。我反对政府给任何企业优惠，从历史来看，企业家就是靠自己，该死就死，有本事就存活，这才是经济的活力所在。我们的政府关注的是什么？是森林的茂盛，而不是树木的死亡。没有树木的死亡，森林不可能茂盛，所以政府不应该实行歧视性、特权性的政策。我觉得非常遗憾，我们真正要争取的是废除任何特权，这才是我们应该做的。我们知道，在中国的体制下，一旦你做得好了，你就容易变得有特权，但我觉得这不是一件好事。

再进一步讲，要让企业家真正发挥作用，要建立市场经济。只有计划经济是政府建的，没有市场经济是政府建的。政府要做的是扫清市场的障碍，企业家的创新、企业家的精神自然而然就来了。

中国目前的改革是功利主义的改革，什么意思？经济发展是最大的事，GDP是最大的事，衡量一切事情好坏的标准就是是否有利于GDP，有利的就是好的，不利的就是不好的。这是有问题的，这种功利主义的思想不利于我们今天的发展。为什么要发展民营企业？因为民营企业有效率，但我觉得效率不是唯一的理由。我们应该真正认识到自由创新、自由创业、自由交易都是人的基本权利，不可以轻易剥夺。我们应该由功利主义转向权利优先。人应该有基本的权利，这些权利先于任何的功利，先于任何的利害标准。当然，涉及物质利益的可以用功利主义的标准来衡量，但涉及基本权利—人权和尊严，就不能用功利主义来衡量。我们的市场不是经济增长的工具，市场是实现人的自由的一种途径。如果我们尊重人的基本权利，市场经济自然会来。反之，如果我们的体制不尊重人的基本权利和自由，再多的改革措施都不可能建立起真正的市场经济。民营企业对发展经济有利，中关村开辟专区给予优惠政策，过几天发现它对发展经济不利，又收回来。作为权利，不管有利没利，都不能收回来，只有在这种情况下，我们才能真正给民营企业家和每一个人安全感，有了这种安全感，我们才会去创新、去发展。

第七篇

房地产与土地

为什么说房地产市场的拐点已到

李稻葵

清华大学经济管理学院经济学讲席教授、博士生导师

　　最近半年以来，中国房地产市场出现了比较明显的变化，许多地区无论是新房还是二手房的成交量都显著下降，房价也呈不同程度的增速放缓甚至下滑态势。在这种情势下，过去三年来在全国70多个城市实行的房地产限购政策是否应该退出引起广泛的议论，也有消息说住建部正在考虑允许各地方政府放开其限购政策。那么，房地产限购政策该不该放开呢？

　　要回答这个问题，首先必须对当前中国房地产市场的总体形势做一个基本的判断，然后分析其下一阶段的走势，才能得出一个比较科学合理的结论。

房地产市场的拐点已到

当前，中国房地产市场的格局已经转变，通俗来讲就是，其拐点已经到来。为什么这么讲？因为这一市场的主基调已经由过去的疯狂上涨转变为温和上涨乃至调整，支持这一判断的基本因素有三个。

第一个因素是金融市场的大格局已经改变。今天的金融市场，由于金融改革启动等因素的影响，已经出现了对储户比较有利的局面。与过去银行存款只能获得2%~3%的年利率相比，今天收益率在5%以上的理财产品层出不穷，明显高过2.5%左右的通胀率，也高于2%~3%的租金回报率。持有现金所获得的回报大大提高，而且风险较低，这使得不少投资者的偏好发生了变化，由过去的买房保值转变为更倾向于持有现金。

第二个因素是城市居民的住房需求已经逐步得到了满足，和以前亟须改善住房的情况完全不同。这可以从两组数据中加以验证。首先，从中国的人口结构看，新中国成立后出现过三次婴儿潮。第一次是在1952年前后的三年间，平均每年有2000万人出生。这批人现在已经步入老年，本身很少有新增的住房需求，相反倒是可能有大房换成小房的降级住房需求。第二次婴儿潮出现在20世纪60年代初，1963—1965年间，每年出生的婴儿有3000万人左右。这部分人已经进入知天命之年，住房需求基本满足，处于稳定状态。第三拨人出生在1978—1980年前后，是第一波婴儿潮时出生的人的子女辈，这部分人大多已结婚生子，住房需求基本满足，当然也不乏一部分人仍在寻找更大更好的住房，努力改善小家庭的生活质量。

另一组数据是，中国居民如今的资产结构已经过多地倾向于住房。据初步统计，目前全国的居民资产约为150万亿元，其中100万亿元为住房资产（与此相关的另一数据是，中国的平均住房自有率接近90%）；约40万亿元为居民存款，这部分存款目前能获得比较高的回报；剩下的10万亿元左右则是债券和股票，由于当前证券市场持续低迷，这部分资产的配置比较稳定，不会骤增骤减。根据这一分析，城市居民不大可能在短期内将自己的资产配置到住房资产里去。

第三个支持城市住房需求不至于大幅度上涨的因素是，目前已经在城市生活却没有获得城市户籍的外来工以及等待进城的农村居民的购买力相对有限。即使按照城市房价为5000~6000元/平方米来估算，一对外来的双职工夫妇买一套80平方米的房子也需要15年左右，相对比较吃力。当然，如果他们在老家的宅基地和建设用地可以转让，则其在城市置业将获得比较有力的财政基础。但是，由于当前政府并不允许宅基地大规模入市，因此，他们在城市买房的动力并不是很强。

综合以上因素，我们认为，当前房地产市场已经呈现出一个价量放缓的新格局。那么，房地产市场会不会出现大规模崩溃的结局呢？这种可能性非常小。

房地产市场大规模崩溃的主要原因必须是有大量的存量房入市，从而对房地产价格构成冲击，而目前这种可能性非常小。

存量房入市无外乎两个原因，一是大量居民由于经济状况发生变化，不足以支撑现有房贷，因此要大规模抛售房子，这是2007年、2008年美国的情景。而当今中国百姓购房的杠杆率是很低的，许多家庭是一次付清房款，许多家庭的房贷仅占房价的50%，再加上中国人传统上有持有住房的偏好，因此，居民恐慌性抛售住房的可能性比较小。

另一个原因是很多媒体人分析的，在当前房地产登记以及反腐的浪潮下，许多贪腐官员大量抛售住房。我们认为这种可能性也很小，因为大量抛售住房反而会引火烧身，招致有关部门的注意，对贪腐官员来说，倒不如按兵不动，将房产登记并转移出去。

总的来说，中国房地产市场已经迎来新格局，其基本特点就是交易量增长逐步放缓，很多地区的房价将出现一定的增长放缓或下降。在此要强调的是，这一新格局是多元化的，北、上、广、深等一线城市仍然存在价格上涨的压力，因为这些城市的经济竞争能力和人口聚集能力仍然十分强劲，而且其生态承载能力已经基本达到极限，不大可能出现房价的大幅、大面积下降。同时，问题的关键是，这一轮调整不能以过分牺牲交易量为代价，否则交易量的下降将会导致整个经济活动的放缓，也会给房地产市场的健康发展带来不利影响。

限购政策应该适时调整

根据以上分析，未来若干年房地产市场发展的新动力将来自两类需求，一是已经进城但没有获得本地户籍的农村人口以及期待进城的农村人口的住房需求。他们在定居城市的过程中，希望有自己的住房，这部分需求需要一定的时间来释放。第二类需求则来自那些已经进城但希望在另外的城市定居或者发展的人。中国新一轮城市化的特点是户籍政策的放松，这必然会导致人口在不同城市间的重新布局。而人口和经济地理的重构，必然会使得一些热点地区出现外来居民住房需求的上涨，而另一些地区的住房需求则会相应下降，这将是中国住房需求未来发展的一大特点。

针对这两类需求，我们可以得出结论：限购政策应该灵活调整。

具体说来，第一，北、上、广、深等一线城市应该按兵不动。目前，这些城市房价上涨的压力仍然存在，人口的聚集能力仍然在上涨，如果过快放开限购政策，人口将会膨胀，城市规模将会很快超过生态承载能力，房价也会过快地上涨，不利于当地产业的发展。

第二，其他城市应该因地制宜，放开外来户籍人口的购房限制。这实际上是顺应了中国下一轮城市发展的需要。那么，对本地居民购买第三、第四套房的限制是否应该放开呢？我认为应该谨慎行事。因为有能力购买多套住房的本地居民往往先知先觉，且资金实力较强，他们的投资行为会带动房价的炒作，从而使外地居民的买房需求难以满足。这将阻碍人口在不同城市间的流动，对城镇化而言是不利的。

第三，配套的市场化调控政策应该跟上。在逐步放开房地产限购政策的同时，应该更加强调市场的调节作用，特别是要用好金融杠杆。居民首套住房、外地居民购房及本地居民多套房等的贷款政策应该更加明确，房地产登记制度以及房产税应该及时推出。房产税主要是给地方政府创造公共服务的机会，也是本地业主与地方政府良性互动的政策。

总之，当前中国房地产市场已经到达拐点，此时应该顺应变化，不失时机地灵活调整限购政策，并不妨先从放开外地居民购房限制开始。与此同时，市场化的调节政策应该实时跟进，从而利用好这一拐点，营造一个房地产市场发展的新格局。

房价下跌将促进消费

彭文生

中金公司首席经济学家

是的，你没有看错，我们的标题是"房价下跌将促进消费"，与市场上长期流传的"房价上涨将促进消费"的看法正相反。2014年5月份70个城市的房价数据中，有一半城市的房价开始下跌。市场担心房价下跌不仅会拖累投资，也会拖累消费。但是，通过对数据的考察，我们发现并非如此。在过去十几年里，我国房价上涨并没有促进消费，而房价的下跌反而可能促进消费。

从住房作为消费品来看，购房对一些消费品比如装潢建材、家具等有拉动作用，但在收入有限的情况下，对其他消费尤其是可选消费——比如外出旅行——可能有挤压作用。哪种影响更大？对总体消费是促进还是抑制是一个实证问题，要看房地产交易（房价）与消费的关系。如果住房需求和消费需求负相关，则这种相关性反映因果关系（住房挤压消费）的可能性大。如果统计数据显示房价和消费正相关，则并不一定说明房价上升拉动消费，因为收入上升可能是拉动住房需求和其他消费需求的共同因素。也就是说，即使住房和消费需求正相关，也不一定是因果关系。

从住房作为资产来看，房价上升对已经有住房的人来讲意味着财富上升，对消费可能有拉动作用。对还没有房产的人来讲，购房投资有一定的资金门槛，比如首付要求，所以，房价上升迫使这部分人增加储蓄，挤压现在的消费（从理论上讲，如果借款没有限制，则被迫储蓄的可能性小，但现实不是这样）。所以，房价上升对消费拉动的财富效应很大程度上取决于总人口的住房拥有率。另外，房产的集中度也是重要因素，因为随着财富的增加，边际消费倾向是降低的，房产拥有越集中，对消费的总体拉动效应越小。

纵向来看，历史数据显示，房价涨幅与消费增速之间并没有显著相关性。用统计局的全国商品房销售金额除以销售面积，得到平均商品房价格。以此计算房价涨幅，我们发现，从2001年至2013年的12年中，只有4个年份的房价涨幅和社会消费品零售总额增速同向变动，其余8年都是房价涨幅和消费增速反向变动，呈现负相关关系。

从历史数据来看，房价大幅上升对消费的促进作用不明显，甚至有抑制作用。相反，在房价涨幅回落的年份中，消费增速上升较快。

横向来看，房价上涨快的地区消费增速反而慢。采用35个大中城市2000—2013年的数据，将各自的房价平均涨幅和平均消费增速作散点图，可以发现二者呈现负相关关系，即房价涨幅越快的城市，消费增速越慢。

为什么数据并不支持流传已久的"房价上涨促进消费"的说法？我们逐一考察那些关于房价上涨促进消费的理由是否站得住脚。

首先，房地产直接派生出的相关消费在全部消费中占比低。关于房价上涨促进消费的说法，一个理由是居民的购房行为将派生出相当一部分相关消费，然而数据显示，与住房直接相关的消费并不像人们想象的那么多。利用统计局限额以上企业（单位）商品零售分项数据，我们将建筑及装潢材料、家具、文化办公用品算作与房地产直接相关的消费。截至2013年年底，这三类消费占全部消费品零售总额的比重仅为6%。如果用城镇居民人均年度消费支出计算，这一比例也仅为7%，与限额以上情况类似。而且，即便是这部分消费，真正与房地产销售的相关度高的也只有装潢材料，其余部分与房地产销售的相关度并不高。

其次，我国城镇房地产对消费的财富效应并不像人们想象的那么大。历史数据所显示的实际情况和我们通常理解的房价上涨通过财富效应增加居民消费的观念不同，原因在于中国房价上升所带来的财富效应有下列显著的特殊性，限制了财富效应的发挥。

中国的城乡二元结构使得大部分农村居民无法享受到城镇房价上涨所带来的财富效应。

当前中国的城镇化率为54%，这意味着农村常住人口数量仍然庞大，农村人口的住房存量高达238亿平方米，与城市房屋存量基本相当。但如此庞大的农村住房无法自由买卖，这使得6.3亿农村人口不能享受到房价上涨、地价升值所带来的财富效应。

城镇常住人口中，非户籍人口的住房自有率低。我国城镇常住人口占总人口的比例为54%，其中拥有城镇户籍的人口占总人口的比例只有35%左右。也就是说，城镇常住人口中，超过1/3是非户籍人口。而非户籍人口在城镇拥有住房的比例很低，一些城市的调查显示，非户籍人口的住房自有率只有20%左右。因此，对大量常住城镇而没有户籍的人口而言，城镇房价上涨的财富效应可能为负。

中国房地产市场以新房交易为主。2000年以来，美国房屋存量增速年均仅1%，而中国同期高达8%，说明大量新房上市是房地产交易的主体，因此二手房的财富效应的兑现有一定难度。所以，老的购房者的消费需求难以得到财富效应的带动，而新房价格持续上升，又挤压新的购房者的其他消费需求。

我国的收入分配和财富分配差距大，因此房价上涨带来的财富增值在人群中分布不均，而可以享受到财富增值的人群边际消费倾向不高。经济学中的边际消费倾向的概念用于衡量收入在边际上的增长所能带动的边际消费量。我们如果计算各省的边际消费倾向，可以明显地观察到人均可支配收入相对高的省份的边际消费倾向低于收入相对较低的省份。这说明财富效应比较显著的群体（富人或富裕省市）对消费在边际上的贡献是较低的，这也限制了财富效应的发挥。

最后，市场上流传最广的一个买房促进消费的理由是所谓的房地产销售对耐用消费品的销售拉动作用。但是，住房销售和汽车、家电等耐用消费品销售之间的数据关系可能只反映相关性，而非因果性。

汽车和家电是两大耐用消费品，通常被认为与房地产高度正相关。

我们先看汽车。2001—2011年，汽车销售和房地产销售面积增速确实有较强的相关性，表现为商品房销售面积增速领先汽车销售增速半年左右，这也就是人们通常所讲的"先买房，再买车"。但是，如果据此推断房地产销售对汽车消费有拉动作用，则犯了典型的把相关性当作因果性的逻辑错误。买房和买车背后的推动因素可能是类似的，只不过人们倾向于先买房后买车而已，这并不意味着如果人们不买房了，就一定不买车。后买车的原因和理由未必是先买了房，这就好比人们吃午饭的理由并不是早上吃过了早饭。

2012年至今，商品房销售面积增速大幅波动（最低-15%，最高50%），而汽车销售增速稳定在10%上下波动。在2001—2011年，两者的正相关更多地反映了收入增长是推动两者的共同因素。但是，随着房价收入比大幅上升，车价收入比大幅下降，收入增长对两者共同推动的作用越来越弱，收入增长对汽车销售的拉动大，对住房消费的拉动相对小。

我们发现，作为耐用消费品的家电，尽管受到房地产周期波动的影响，但弹性较低。十几年来，家电零售增速基本维持在15%的中枢上下波动。即便是2008年全球金融危机爆发，房地产销售面积增速一度大幅下滑36%，家电增速下滑幅度也有限。这些数据表明，房价下跌对拖累耐用消费品零售增长的影响很小。

　　从理论上讲，住房属于投资品，家庭买房或多或少都带有投资色彩。而家庭为了买房，则必须进行相应的储蓄行为。很多研究显示，买房一直是家庭储蓄的主要动机，甚至是最重要的动机。因此，房价下跌，对仍然希望买房的居民来说，其储蓄量将减少，消费基金将相应增加，消费反而得到促进。

　　从上文的分析可见，我国难以享受到房价上涨所带来的财富效应，而房价上涨所带来的对消费的挤压效应比较明显。因此，房价下跌有利于消费增长，而房价下跌所带来的财富减损对消费的拖累不明显。

土地入市的路线图

周其仁
著名经济学家、北京大学国家发展研究院教授

回头看，打开城乡间的土地市场之门，绕来绕去，走的不是一条直线。拜早期改革之福，经济自由大增，启动了人和要素的流动，结果是经济集聚吸引人口集聚，城市化方兴未艾。落到土地上，"位置"本身开始有价，集聚之地的市价急升，让原本"不得买卖，不得租赁、出让与转让，靠计划指令配置"的土地再也守不住昔日之巢穴，迟早被卷进熙熙攘攘的市场深渊。

自发反应总是原创。早在第一批"三来一补"到珠三角落地之时，那里的土地就已经发生了"市场化转让"——无非是讲一个价钱，原业主的土地就转给他人用。内地初办第一批民营企业，所用的土地也早已走上"议个价钱就转让"的不归路。试想温州的私企，哪个办厂不占地？当年芜湖的年广久，还能悬空炒出"傻子瓜子"不成？前一段在上海偶遇小南国的老板，她的创业故事是把家里的房子换到临街，摆上四张桌子就开张。

房子是怎么换的？还不是讲好价钱就换手。房子转了，下面那幅土地转没转？自然一并转了。原来，"土地市场"就这么简单。

过上层建筑就不容易了。调查、研究、借鉴、决策、拍板、试点、出政策、修老法，过不了五关、斩不了六将，合法反应就没门儿。也拜时代之福，那年头敢为天下先的官员似乎比后来多很多。1987年12月1日，深圳公开拍卖第一块土地。说"合法"也勉强，因为其时禁止土地买卖、租赁和转让，还白纸黑字写在尚未修订的《宪法》里。舆论压力更大，说"违宪""走资"算轻的，更有骂"卖国"的——参与首批深圳土地竞投的44家公司中，居然包括9家外资企业！

但也不好定人家非法，是国务院授权深圳、上海、天津、广州等城市率先试行土地有偿转让的。首拍当日，时任国家体改委主任、国务院外资领导小组副组长、央行副行长等中央要员，外加17位城市市长亲临现场"站台"。紧接着，12月29日，广东人大通过地方法规，明确"深圳特区国有土地实行有偿使用和有偿转让制度"。次年春天，全国人大通过《宪法修正案》（1988年），确认"土地的使用权可以依照法律的规定转让"。至此，土地市场的合法大门正式开启。

不过，细节里还藏有一个"魔鬼"。本来，自发的土地转让并不限于国有土地——如果以数量论，无论是珠三角还是内地城乡，怕还是农村集体土地转出来的占多数，到了"合法化"的关键阶段，却被人为收窄为"唯国有土地才可向市场转让"。不是吗？先是广东地方立法，不仅把"有偿使用和有偿转让的土地制度"限于"深圳特区"（当时俗称"关内"），而且严格限于"国有土地"。次年全国人大修宪，明确的原则本是"土地的使用权可依法转让"，而是年年底修订的《土地管理法》更明确"国有土地和集体土地的使用权可以依照法律的规定转让"，但又留有一笔"但书"——"转让的具体办法由国务院制定"。1990年，国家颁布了《城镇国有土地使用权出让和转让暂行条例》，而"农村集体土地使用权的转让"却再也没有一个全国性的法律出台。过了八年，进一步修订的《土地管理法》干脆下达禁令："集体土地不得买卖、出租和转让用于非农建设"！此时的立法者似乎完全忘记了1988年定下来的《宪法》准则。

结果，国有土地合法进入市场，但集体土地被隔绝在合法交易的大门外。集体土地还是只能由集体成员自用——分宅基地或开办乡镇企业，若要转给非集体成员他用，那就只剩华山一条道，即由政府征用，变性为国有土地以后，再经由政府之手转入市场。

如此"政府一手征、一手卖"的土地制度，转眼已成型27年。说成就，这套"土地资本化"之策功效巨大，否则始于深圳，遍及珠三角，而后长三角、环渤海，再中西部的城镇化不可能在一代人的时间里迈出如此耀眼的步伐。论问题，在一派"城市像欧洲"的超级繁荣下，城乡、官民之间的紧张与冲突也从来没有表现得如此集中与夸张。号称"太平盛世"又断不了舞枪弄棒的，看来看去，常常不是一块地，就是一处房。人们疑虑：这个"半拉子土地市场"可以持续运转吗？有资格充当"中国模式"的典范、为人师表吗？

答案没出现，却发生了进一步的悄悄变革。看明白了，又一波"新土改"发源于大都市。经济逻辑很清晰，城市——特别是那些极富集聚潜能的大都市，更早尝到了地价急升的甜头，这也使得大都市有了更强烈的卖地筹资冲动。问题是，这类"需求"极难满足。

从根本上讲，"征卖差价归地方财政"带出来的需求差不多可以无限膨胀，永远也没个够的时候。想想看吧，这个"政府一手征地、一手卖地"的游戏，卖地所得归地方，但能卖出多少，取决于两点，一是得到了多少"征转地"指标，二是当地市场买地的需求量。要是"征地指标"可由各地出价竞购，那么市场力量就间接支配着"征地指标"的分配，集聚能耐大的城市，不难得到更多的用地指标。

可惜事情不是这样的。我们这个"半拉子土地市场"其实还是行政主导，要服从内生的铁定准则——按行政权力的等级配置征地指标，外加某些官场通行、微妙无比的官员打招呼之类的调节机制。在这套体制下，各城市获得的用地指标之多寡，与城市的经济实力不一定有正向关系，更多地受制于城市的行政级别。也不能指望国家还有别的配置办法——好比一个超级大家庭，负责分派土地指标的"中央老爸"要面对几百个嗷嗷待哺的"儿子"，怎可以厚此薄彼？"最公平之道"还是讲辈分、比长幼。于是，直辖市为一档，副省级省会城市为一档，地级市为一档，县级市又是一档。至于到了镇一级——哪怕有百万人口在那里常住，也对不起了，漏剩下来还有多少算多少吧。

这就逼出一些"超越现体制"行动，譬如2002年上海的"三集中"。为什么大都市先行动？答案是它们手中有一副地价地租的好牌。既然从"老爸"那里拿不到更多指标，何不眼睛向下，打一打郊区集体土地的主意？理论上那些土地也不是耕地，而是农民及其集体早就占用了的宅基地、乡镇企业用地等"非农建设用地"。"集中"起来把节余的土地指标卖给急需土地的中心城市，城乡皆有利，何乐而不为？

好事传千里，"三集中"很快蔓延到江浙、长三角、山东、天津，国土部由此公布新的用地政策——"城乡建设用地增减挂钩"。中西部新兴的大城市对此也敏感得很，很快学了回去，还加上些本地的创造：成都在"三集中"基础上"还权赋能"，先确权，再流转；重庆搞起了有声有色的"地票"。仿佛不经意间，政府主导的"挂钩"在一些地方向市场版"挂钩"变形，"半拉子土地市场"又被市场拉开了一道道新的口子。

在首拍土地的深圳，"特区国有土地"入了市，"关外"大量的集体土地也没闲着。须知经济与人口的集聚所带来的城市土地大幅度增值，是一个在经验上很容易被感知的现象。不难理解，合法市场上的"地王"迭出，近在咫尺的"关外"原住民及其集体当然不可能无动于衷。地价上涨由近及远地蔓延，一来二去，"关外"地价也逐渐上升，那里的村民与集体的反应如出一辙——让土地与房屋大量进入市场。与此相似，连天子脚下盛产的"小产权"也是相对价格惹起来的祸。地价、房价那么高，合法口子又开得那么小，那还不活活憋出一条民间入市的通道？更有温州地方凭"地契"过户的习惯法，全部无涉官府，一概民间自理——既然正规法律不承认、不保护，人家老百姓自己玩，还不行？

看起来，土地入市是双线并行的结果。一条线起于"国有土地率先合法入市"，并通过"宅基地换房""留地安置""三集中""增减挂钩""城乡统筹"和"地票"等多种多样的试验性政策工具，把部分集体土地引入合法交易的框架。另外一条线，从"精彩的法外世界"划出来，其实是在基层农村组织和部分地方法规的容许下，集体土地要顽强地争取"同地同权"。在全国性修法完成之前，上述两条线似乎永不相交。不过，越来越清晰的事实是，所谓"统一的城乡建设用地市场"，正出现在这两条平行线之间。

突然记起公元1176年宋代词人辛弃疾驻节赣州，途经造口时留下的那首《菩萨蛮》。是啊，"青山遮不住，毕竟东流去"，或许正可以用来描述当下城乡土地入市的路线图。

转让权的政治经济学

周其仁
著名经济学家、北京大学国家发展研究院教授

    不管世人怎样评价，"城乡通开的土地市场"总算在中国登堂入室。没什么值得大惊小怪的，既然真实世界的资源之争无可避免，人们总要找一套摆平——比较文化的用语是"配置"——的法则。凭行政权力下命令配置是一个办法，由市场竞争定价配置是另外一个办法。只是开弓没有回头箭，市场之门一旦开启，它就有自行展开的顽强生命力。我觉得，今天再辩农地可否入市，多少已经晚了。1987年，国有土地入市之日，实际上已经预演了日后农地终究也要入市的场景，否则，"官地可以入市，民地不得转让"，怎么可能长久摆得平？

    市场的基础是清楚界定的财产权利，这是科斯的发现。这位经济学老人从来没到过中国，但讲出来的道理对我们认知中国经济有莫大的启发。人民公社吃不饱的问题是怎么解决的？还不是在含混不清的"集体经济"里加划了一道产权线——家庭联产承包，那是产权中最

基本的权利，即使用权。讲过了，"权利"者，社会规范的行为范围也。家庭联产承包，就是农户可按承包条约的条件独立利用耕地，决定怎么种、种什么。除去了"大锅饭"，中国的温饱难题就解决了。

温饱后要进一步富裕，转让权越来越重要。原来利用资源，积极性重要，能耐也重要。自己的资源自己用，积极性一般没问题，但自己可不一定就是利用这些资源的最佳人选。在很多情况下，资源他用的生产率更高。于是，怎样把资源转到利用效率更高的主体之手，就成为经济增长的关键。古典经济学出现以来，学者皆重视分工和专业化，知道那是提升生产率的源泉。不过，离开了有效的转让权，分工和专业化都不过是无源之水。当年的斯密看扣针生产，很简单的专业分工就可提升生产率数千倍，但前提是资源可以他用，包括工人的劳动力为他人所用，投资方的设备也为他人所用。要是一切资源都自用，什么都干一点，工作再积极，也还是一个穷。

转让权加到一起，就是市场。不是吗？卖菜的随时准备转让自己的菜，买菜的随时准备转让自己的钱，才有菜市场，其他亦然。人们在熙熙攘攘的市场里寻寻觅觅，其实就是在寻找合适的转让机会。《国富论》中说转让是人类的天性，甚至说"从来没看见一只狗与另外一只狗交换骨头"——怪不得到今天宠物也只有通过取悦人类，才得以改善它们的生活。

个人以为，从转让权理解市场和市场经济，在认知上更贴近真实世界。譬如经济学中历来有一道热门议题——政府与市场，学者们常常就政府该办什么、市场又该办什么进行热烈的讨论。可是那样提问题，政府与市场似乎是两个泾渭分明的行为主体，至于井水与河水相犯还是不相犯，倒也允许见仁见智。

但是，从市场的底部看转让权，政府的力量从第一瞬间就不可或缺。阿尔钦定义产权，开门见山第一句就是："一种通过社会强制而实现的对某种经济物品的多种用途进行选择的权利。"他解释"社会强制"（socially enforced），把"政府的力量"摆到第一条，其次才是"日常社会行动以及通行的伦理和道德规范"。问题来了：讲产权、讲私产，为什么要扯到"政府的力量"？

经验上不难理解。对任何经济物品，你说是你的，他人全无异议，那倒也罢了。抑或你拥有基于此财产的自由行为范围，与任何他人的自由全无冲突，那有没有"政府的力量"，根本就没有什么关系。只可惜，除非我们只身居于孤岛，否则以上的理想境界不容易遇到。倘若财产的归属闹起了纠纷——你说是你的，人说是人的，抑或你的自由影响到他人的自由，或反过来他人的自由影响到你，一连串的麻烦就产生了。

遇上麻烦，如何是好？讲理，讲不通怎么办？动手，两败俱伤怎么办？找第三方来主持公道，你中意的第三方与人家中意的第三方闹将起来又如何是好？这么推下去，不用推多远，"政府的力量"就呼之欲出。原来，"政府"无非就是"最后的、唯一可以合法使用武力的权威第三方"，这是巴泽尔的定义。从产权角度来看，只有找到一个"最后的权威第三方"来止纷定争，其他社会成员才可以集中精力于生产、经济与生活。

至于财产权里的转让权，至少涉及双方或多方，各自"自由"的边界容易重叠，互相干扰的频率可能不低。君不见"一手交钱、一手交货"的相互转让，事前、事中、事后的麻烦向来不小，"假冒伪劣"一旦提上日程，可不是"买卖不成仁义在"那么简单的事情。若商场纠纷无人受理，人们只好向自给自足的方向退，宁愿降低分工水准，也不愿受欺诈和纠纷之累。由此，经验研究支持以下命题：转让权比使用权更依赖"唯一的最后第三方"所提供的服务。

这样看，产权，特别是转让权，与"社会强制执行"——"政府的力量"——从一开始就脱不了干系。悖论在于，如果政府这个"最后的唯一第三方"太弱，担当不起有效界定产权、止纷定争之重任，那就万事皆休，或者财产权弱化、退化，或者另请高明。反过来，如果"最后的第三方"太强势，带头侵犯财产权利，那岂不是请君入瓮，自作自受？理想的安排是："最后的第三方"知所适从，既贡献合格的服务，也领取相应的贡赋。

这就是实现长期经济增长的关键。产权重要，但产权不能只靠自己就变得重要。"第三方服务"不可或缺，什么力量可以保证这个特殊的第三方规规矩矩地向产权提供服务？要知道，这可是"最后的、唯一可以合法使用武力的组织"啊！今天的产权经济学文献，讲起来汗牛充栋，不过读来读去，有意思的思想线索仅此一条而已。转让权构成市场之基，所以，不要指望真有哪一个"市场"或"市场经济"可以是无政府的。真正的难题是，市场连同构建其地基的转让权是不是驾驭得了自己一刻都离不开的"最后的第三方"？

答案或许令人沮丧：财产权利再强大，也搭不成能关权力老虎的笼子。让权力上路，要靠政治制度。讲经济、讲增长、讲产权、讲市场，讲到最后还要讲政治，道理就在这里。论改革，如果只进行经济体制改革而回避政治体制改革，那经改就改不深，改出来的成果也可能得而复失。这是邓小平1986年的论点，现在看，还是至理名言。

回到城乡土地市场。我们观察到，转让权到处在顽强地成长，是经济集聚带起的都市地价上升，由近及远传导到周遭地区，把国有土地和集体土地都卷进了市场的深渊。从制度演化的经验看，法内、法外双轮驱动，多级政府直到基层集体和农户争相对地价的相对变动做出反应。不管"非法"帽子怎样满天飞，这个变革都是有合法根据的，这就是1988年的《宪法修正案》定下的准则——"土地的使用权可以依法转让"。

所见之处，"新土改"释放出惊人的经济能量，推动着城乡建设。风险也是有的，最集中的一点，是行政权力纠缠土地转让权的发育，一不小心这里那里就可能以改革的名义"强权夺地"。几年来，我们接触这个题目，最担心这一点，仔细观察的也是这一点。对那种或可称之为"保守疗法"的策略——横竖不准农地入市，不让自由转让，反正好歹土地还在农民手上——我们也从旁做过考量。实话实说，在目前所有反对农地入市的理由中，最具说服力的恐怕也只是这一条。讲转让权的纯经济含义，不讲转让权的政治经济学，的确不行。

不过，思之再三，我还是认为"保守疗法"不是一个好策略。第一点理由是经济需求难违，当地价拉引土地供给之际，压集体土地不得入市，其结果只会扩大低价征地规模，并为形形色色的法外供地打开大门。第二点理由，禁止农地入市，没有也不可能因此禁绝"笼子外的老虎"咬人。问题的要害是权力不受约束，不管是不是允许农地入市，权力之手都可能搞名堂。事实上，在"政府一手征、一手卖"的现行体制下，以行政权力侵犯农民正当财产权利的勾当也并不罕见。比较而言，允许农地入市，土地有价，农民抵制侵权行为的收益会增加，抵制侵权的能动性可能会提升。

总起来看，农地转让权不可能在纯净的权力生态中获得健康发育。像以往由改革催生的财产权利一样，侵权与反侵权的博弈紧紧相伴。禁止农地入市、叫停农地转让、延缓建立城乡统一的建设用地市场，不是标本兼顾的良策，唯有把产权改革与约束权力的其他改革结合起来推进，才是"新土改"的正道。

第八篇

互联网金融

互联网货币

谢 平

中国投资有限责任公司副总经理

本文将讨论互联网金融下的货币形态，核心观点是：未来，很多信誉良好、有支付功能的网络社区将发行自己的货币，称为"互联网货币"（Internet Currency）；互联网货币将广泛用于网络经济活动，人类社会将重新回到中央银行法定货币与私人货币并存的状态；互联网货币会挑战目前的货币基础理论、货币政策理论和中央银行理论。

六大特征定义

目前，已经出现了互联网货币的雏形——虚拟货币（Virtual Currency）。

典型案例包括Q币（腾讯公司）、Facebook Credits

（脸谱公司）、Amazon Coins（亚马逊公司）、《魔兽世界》G币（暴雪公司）、Linden Dollars（林登实验室）。在网络游戏、社交网络和网络虚拟世界等网络社区中，这些虚拟货币被用于与应用程序、虚拟商品和服务（以下统称为"数据商品"）有关的交易，已经发展出非常复杂的市场机制。

有些虚拟货币与法定货币之间不存在兑换关系，只能在网络社区中获得和使用，比如《魔兽世界》G币；有些虚拟货币可以通过法定货币来购买，但不能兑换为法定货币，比如Amazon Coins；还有些虚拟货币与法定货币之间能相互兑换，比如Linden Dollars。

欧洲央行的研究表明，2011年，美国虚拟货币交易量在20亿美元左右，已经超过一些非洲国家的GDP。

传统支付企业纷纷进入虚拟货币领域。2011年，VISA用1.9亿美元收购PlaySpan公司，该公司处理在线游戏、电子媒体和社交网络中的电子商品交易；美国运通用0.3亿美元收购虚拟货币支付平台Sometrics。

以虚拟货币为蓝本，我从以下六个特征来定义互联网货币：

第一，由某个网络社区发行和管理，不受监管或监管很少，特别是不受或较少受到中央银行的监管；

第二，以数字形式存在；

第三，网络社区建立了内部支付系统；

第四，被网络社区的成员普遍接受和使用；

第五，可以用来购买网络社区中的数据商品或实物商品；

第六，可以为数据商品或实物商品标价。

其中，第四个特征指互联网货币能用作一般等价物（一些网络社区的成员数超过了很多国家的人口，比如脸谱网每月活跃用户已超过十亿，而且跨越了国界）；第五个特征指互联网货币有交易媒介功能；第六个特征指互联网货币有计价功能。

鉴于互联网货币的购买能力以及所购买之物的价值，互联网货币具有价值储藏功能。所以，互联网货币满足货币的标准定义（在商品或服务的支付中或债务的清偿中被普遍接受的任何东西），具有法定货币的三大功能——交易媒介、计价单位、价值储藏。

经济合理性

互联网货币对网络社区有五大好处。

一是方便网络社区成员之间的交易和支付活动。二是增强成员对网络社区的黏性。网络社区有自己的管理规则，类似"俱乐部规则"，成员使用互联网货币可以得到比法定货币（比如人民币）更高的效用。三是扩充网络社区的收入来源，比如互联网货币的"铸币税"、与法定货币的兑换差价以及不活跃成员的互联网货币残值等。四是促进网络社区中的经济活动，比如应用程序的开发和广告活动。五是互联网货币没有现金，不存在假币。

网络经济活动的发展，使互联网货币的使用范围越来越广。

首先，数据商品与实物商品之间的界限越来越模糊。

数据商品与软件、电子图书、音乐、电影、新闻资讯等，在存在形式上没有差别，都是数字化的信息流，所引致的消费者真实效用也是相通的。人们（特别是年轻人）也越来越认可数据商品的价值。

未来，很多不需要物流的商品和服务都可以在互联网上生产、交易、消费，在人类经济活动和消费序列中占的比重会越来越大。比如，根据英国《金融时报》报道，在大数据的帮助下，将来人们可以在网上看病。在这些网络经济活动中，不一定要有法定货币的使用。

其次，网络经济活动和实体经济活动之间的联系越来越紧密。

设想一个可能的情景：某人生产数据产品（比如空气质量测量软件），在某个网络社区中出售，获得一定数量的互联网货币；然后，他用互联网货币去麦当劳买汉堡；麦当劳再用收到的互联网货币去网络社区购买数据产品。在这个过程中，通过互联网货币的媒介作用，网络经济活动与实体经济活动之间实现了完美分工和价值交换，而法定货币则被排除在外。

网络支付的发展，使互联网货币的使用越来越便捷。在互联网金融下，网络支付将与移动支付、银行卡等电子支付方式高度整合，真正做到随时、随地，以任何方式支付。实际上，在目前的虚拟货币案例中，网络社区成员的账号就可以视为互联网货币的存款账户，只要通过手机上网，高效的移动支付网就形成了。

未来可能的情景是：每个人（企业）都同时有互联网货币账户和法定货币账户；不同网络社区的互联网货币可以相互兑换，跨网络社区的交易和支付非常方便；互联网货币与法定货币之间的兑换很灵活，趋向可相互交易；互联网货币不仅用于网络经济活动，也广泛参与实体经济活动；出现基于互联网货币的金融产品和金融交易，比如针对互联网货币的股票、债券、存贷款、信用透支等。

互联网货币符合人类货币形态的发展规律。到目前为止，人类货币形态的发展大致可分为三个阶段。

第一个是物物交换阶段，不存在货币。

第二个是商品货币阶段。货币本身就具有价值，比如黄金、白银等贵金属，也包括可以兑换为硬币或贵金属的纸币，货币的创造主要取决于贵金属的发现和冶炼。

第三个是信用货币阶段。货币本身没有价值，不一定能兑换为硬币或贵金属，其使用价值取决于人们对货币发行者的信任。

在信用货币的早期阶段，货币发行者以私人机构为主，私人货币占主导地位。

法定货币在引入中央银行制度后才出现，是由国家通过法律确立的法定偿还货币，具有强制性（即支付中必须用此货币，不能用其他载体）。

中央银行、商业银行、存款者、借款者共同参与货币创造。中央银行的货币性负债——比如流通中的现金、商业银行在中央银行的储备——是基础货币。商业银行的信贷供给和证券投资产生了存款的多倍扩张。不同货币按流动性从高到低可以划分为M1、M2、M3等多个层次。因为中央银行的信用很好，并且负责支付清算系统，所以法定货币替代了私人货币。

但目前这种由法定货币主导的货币制度不是人类货币形态演变的终点。一方面，哈耶克、弗里德曼在20世纪50年代就对这种货币制度有怀疑；另一方面，尽管私人货币已不再大范围流通，但一些"准私人货币"仍普遍存在。比如，20世纪中国大学食堂的饭票、菜票就是典型的"准私人货币"，可以用来在各食堂买饭菜，在小卖部买日用品，同学之间可以相互借贷。在现代社会，各种商品和服务优惠券、信用卡积分、航空里程积分等"准私人货币"更是层出不穷。

互联网货币由网络社区发行和管理，属于"信用货币+私人货币"。

我认为，互联网货币不会被法定货币替代，主要有两个原因：一是在网络经济活动的很多环节中，用户不一定接受法定货币；二是互联网技术的发展，使支付活动能在中央银行支付清算系统之外发生，而支付从来都是与货币紧密联系、一同演变的。

因此，未来法定信用货币将与互联网货币并存，成为人类货币形态的第四个发展阶段。

内外部风险

互联网货币也有内在风险。

首先，互联网货币发行者的信用比不上中央银行，相关支付功能也比不上中央银行管理的支付清算系统。互联网货币在交易和支付中不可避免地会遭遇信用风险、流动性风险、操作风险、支付安全问题。

其次，互联网货币有很强的匿名特征，监管难度大，可能被用于非法活动（比如洗钱），造成法律风险和声誉风险。

互联网货币对物价稳定也会产生影响。

在针对互联网货币的存贷款活动出现之前，互联网货币的创造过程中不存在中央银行和商业银行的分工（即二级银行体系），也不会产生多个货币层次，但互联网货币的过量发行会造成数据商品的通货膨胀。而未来，数据商品会进入CPI篮子。

互联网货币会通过多种渠道影响实物商品的价格，包括互联网货币介入实体经济活动，甚至在一些场合替代法定货币，产生"挤出效应"；互联网货币影响法定货币的流动速度，中央银行不一定知道互联网货币的发行和流通情况。在这种情况下，中央银行的货币统计和货币政策都会受到影响。互联网货币对金融稳定的影响，主要来自互联网货币兑法定货币的汇率波动。

总之，互联网货币的发展趋势无法阻挡。

在中国，淘宝、天猫实际上就是一个网络生态系统，再加上支付宝、阿里金融（刚推出信用支付功能），我可以断定：发行"阿里币"的条件完全具备，淘宝、天猫的商户和购物者完全可以用"阿里币"进行交易、支付、借贷，而且"阿里币"肯定与人民币有兑换率，进而可能产生"铸币税"。这样，阿里巴巴就类似中央银行，而不仅仅是商业银行，那利润就很大了。同时，对税收计量、CPI统计（淘宝已经有自己的物价指数）也会有颠覆。

互联网金融新模式

谢 平

中国投资有限责任公司副总经理

金融服务实体经济的最基本功能是融通资金，资金供需双方的匹配（包括融资金额、期限和风险收益匹配）可通过两类中介进行：一类是商业银行，对应着间接融资模式；另一类是股票和债券市场，对应着资本市场直接融资模式。这两类融资模式对资源配置和经济增长有重要作用，但交易成本巨大，主要包括金融机构的利润、税收和薪酬。2011年，全国银行和券商的利润约为1.1万亿元，税收约为5000亿元，员工薪酬为1万亿元。

以互联网为代表的现代信息科技，特别是移动支付、云计算、社交网络和搜索引擎等，将对人类金融模式产生根本影响。20年后，可能形成一个既不同于商业银行间接融资，也不同于资本市场直接融资的第三种金融运行机制，可称之为"互联网直接融资市场"或"互联网金融模式"。

在互联网金融模式下，因为有搜索引擎、大数据、社交网络和云计算，市场信息不对称程度非常低，交易双方在资金期限匹配、风险分担方面的成本非常低，银行、券商和交易所等中介都不起作用；贷款、股票、债券等的发行和交易以及券款支付直接在网上进行，这个市场充分有效，接近一般均衡理论描述的无金融中介状态。

在这种金融模式下，支付便捷，搜索引擎和社交网络降低信息处理成本，资金供需双方直接交易，可达到与现在资本市场直接融资和银行间接融资一样的资源配置效率，并在促进经济增长的同时，大幅减少交易成本。

理解这种互联网金融模式，需要抓住几个关键点：第一，信息处理；第二，风险评估；第三，资金供求的期限和数量的匹配不需要通过银行或券商等中介，完全可以自己解决；第四，超级集中支付系统和个体移动支付的统一；第五，供求双方直接交易；第六，产品简单化（风险对冲需求减少）；第七，金融市场运行完全互联网化，交易成本极少。

移动支付时代

互联网金融模式下的支付方式以移动支付为基础，而移动支付依靠移动通信技术和设备的发展，特别是智能手机和iPad的普及。Juniper Research（朱尼普研究公司）估计，2011年，全球移动支付总金额为2400亿美元，预计未来五年将增长200%。

随着Wi-Fi、3G等技术的发展，互联网和移动通信网络的融合趋势非常明显，有线电话网络和广播电视网络也融合进来。移动支付将与银行卡、网上银行等电子支付方式进一步整合，真正做到随时、随地和以任何方式进行支付。随着身份认证技术和数字签名技术等安全防范软件的发展，移动支付不仅能解决日常生活中的小额支付，也能解决企业间的大额支付，替代现在的现金、支票等银行结算支付手段。

尽管移动通信设备的智能化程度提高了，但受限于便携性和体积要求，存储能力和计算速度在短期内无法与PC相比。云计算恰能弥补移动通信设备这一短板，云计算可将存储和计算从移动通信终端转移到云计算的服务器上，减少移动通信设备的信息处理负担。这样，移动通信终端将融合手机和传统PC的功能，保障移动支付的效率。

互联网金融模式下，支付系统具有以下根本性特点：所有个人和机构都在中央银行的支付中心（超级网银）开账户（存款和证券登记）；证券、现金等金融资产的支付和转移通过移动互联网络进行（具体工具是手机和iPad）；支付清算完全电子化，社会中无现钞流通；二级商业银行账户体系可能不再存在。个人和企业的存款账户都在中央银行，将对货币供给和货币政策产生重大影响，同时也会促进货币政策理论和操作的重大变化。当然，这种支付系统不会颠覆目前人类由中央银行统一发行信用货币的制度。但是，目前社交网络中已自行发行货币，用于支付网民间数据商品的购买，甚至实物商品的购买，并建立了内部支付系统。一项调查显示：在中国，35岁以下的城市青年，有60%的人使用网上银行支付，进行网上购物。

信息处理高效

信息处理是金融体系的核心。金融信息中，最核心的是资金供需双方的信息，特别是资金需求方的信息，如借款者、发债企业、股票发行企业等，这是金融资源配置和风险管理的基础。

互联网金融模式下，信息处理有三个组成部分：一是社交网络生成和传播信息，特别是对个人和机构没有义务披露的信息，这使得人们的"诚信"度提高，大大降低了金融交易的成本，对金融交易有基础作用。社交网络所具有的信息揭示作用可以表现为：个人和机构在社会中有大量利益相关者，这些利益相关者都掌握部分信息，比如财产状况、经营情况、消费习惯、信誉行为等。单个利益相关者的信息可能有限，但如果这些利益相关者都在社交网络上发布各自掌握的信息，汇在一起就能得到信用资质和盈利前景方面的完整信息。比如，淘宝网类似社交网络，商户之间的交易形成的海量信息，特别是货物和资金交换的信息，显示了商户的信用资质。如果淘宝网设立小额贷款公司，利用这些信息给一些商户发放小额贷款，效果会很好。

二是搜索引擎对信息的组织、排序和检索能缓解信息超载问题，有针对性地满足信息需求。搜索引擎与社交网络融合是一个趋势，本质是利用社交网络蕴含的关系数据进行信息筛选，可以提高"诚信"度。比如，抓取网页的"爬虫"算法和网页排序的链接分析方法（以谷歌的PageRank算法为代表）都利用了网页间的链接关系，属于关系数据。

三是云计算保障海量信息的高速处理能力。在云计算的保障下，资金供需双方的信息通过社交网络揭示和传播，被搜索引擎组织和标准化，最终形成时间连续、动态变化的信息序列，可以给出任何资金需求者（机构）的风险定价或动态违约概率，而且成本极低。这样，金融交易的信息基础（充分条件）就满足了。2011年2月，已经出现了针对计算能力的现货交易市场，预计期货市场也将出现。金融业是计算能力的使用大户，云计算会对金融业产生重大影响。

我们可以举出几个在互联网金融模式下信息处理的例子。比如，因为信息科技足够发达，自然人出生后的关键信息和行为都被记录下来，可以查询，不准确信息通过社交网络和搜索引擎来核实或过滤。在这种情况下，个人信用状况分析的效率将非常高。再如，人们在日常生活中发现某银行服务不好、效率低下，可以把相关信息发到社交网络上，这些信息汇总后有助于评估该银行的盈利和信用前景。如果上述的"人们"参与这家银行债券的CDS（信用违约互换）交易，其价格变化就是动态违约概率。因此，CDS市场就是用与社交网络和搜索引擎类似的机制，通过市场交易（价格）来产生时间连续、动态变化的违约概率序列，它在违约信息的揭示上比信用评级机构更有效。将来，从理论上讲，任何金融交易产品实际上都隐含着一种CDS，在任何时点上都可以知道它的违约概率，在这种情况下，所有金融产品的定价就会非常容易了。而在现代股票市场上，股东仅能以"买入—卖出"来处理自己对该银行盈利前景的判断。

资源配置脱媒

互联网金融模式下资源配置的特点是：资金供需信息直接在网上发布并匹配，供需双方直接联系和匹配，不需经银行、券商或交易所等中介。一个典型的例子是人人贷（peer-to-peer lender）。2006年成立的美国Prosper公司有125万会员，促成了3.07亿美元的会员间贷款。2007年成立的美国Lending Club公司，以脸谱网为平台做会员贷款业务，到2011年已贷款5.9亿美元，利息收入5100万美元。

2004年，谷歌在IPO（首次公开募股）时采用了在线荷兰式拍卖方法，而不是通常的投资银行路演和询价方式。未来可能的情景是：贷款、股票、债券等的发行和交易都在社交网络上进行。

在供需信息几乎完全对称、交易成本极低的条件下，互联网金融模式形成了"充分交易可能性集合"，诸如中小企业融资、民间借贷、个人投资渠道等问题就容易解决了。在这种资源配置方式下，双方或多方交易可同时进行，信息充分透明，定价完全竞争（比如拍卖式），因此最有效率，社会福利最大化。各种金融产品均可如此交易。这也是一个最公平的市场，供需双方均有透明、公平的机会。

例如，在脸谱网的平台上有9亿网民，它已经发行了自己的货币，网民之间的数据、商品、股票、贷款、债券的发行和交易均可以通过网络处理，同时保留完整的信用违约记录（淘宝网、腾讯也有类似做法），形成最优价格。脸谱网此次上市的市值达960亿美元，正是因为大家看中了其中隐含的巨大价值。

P2P 和众筹才是互联网金融的未来

吴晓灵

全国人大财经委副主任委员、中国人民银行原副行长、
清华大学五道口金融学院院长

互联网跨界金融是未来新金融发展的重要方向，互联网金融是利用互联网技术和移动通信技术为客户提供服务的新型金融业务模式，既包括传统金融机构利用互联网开展的金融业务，也包括互联网企业利用互联网技术开展的跨界金融业务。

过去大家一直在争的一个问题，就是互联网金融和金融互联网，经过2013年互联网金融爆炸式增长，社会逐渐统一了认识，互联网金融包括两个方面：一方面是传统的金融业务更多地运用了互联网技术和新型的移动通信技术；另一方面是现在的互联网企业从事金融业务。最近，大家看到报纸上经常出现的新名词叫作"互联网跨界金融"，这就是互联网金融的另一方面，也就是狭隘的互联网金融。

传统金融业仍将是互联网金融的主体，市场竞争将

迫使其强化互联网技术和多种通信技术在金融业务中的运用。应该说，2013年是互联网金融的元年。但是，在这个元年中，传统金融受到了极大冲击。

大家看到了互联网企业利用互联网技术创造了很多奇迹，包括阿里金融。通过支付宝来销售天弘增利基金，起名叫余额宝，给金融带来的震撼使传统金融界在思考自己的服务模式和怎样更好地与互联网技术、移动通信技术相结合。在未来，传统的金融机构会在产品销售、风险控制以及业务创新方面更多地运用互联网技术和移动通信技术。

面对广义的互联网金融，传统金融会在互联网企业的冲击下奋起直追，改变自己的业务模式和服务方式。未来，在传统金融自我变革之后，留给互联网企业的是什么样的发展空间？

我认为，互联网跨界金融中的直接融资是未来发展的主要方向。

首先，第三方支付会回归专业领域的支付。现在，第三方支付的互联网企业，一开始是在专门的领域中进行的，包括发展比较好的支付宝。但是现在，从销售基金开始，已经突破了商品交易服务，走向了金融产品的买卖。我们应该看到，支付业务是银行业务的核心，为了保证支付的安全，为了保证在支付业务中不出现洗钱等犯罪行为，监管当局会对第三方支付业务进行比较严格的管理。

银行是创造信用货币的机构，而银行的存款、贷款和结算业务三结合，是创造信用货币的基础。在这三项业务中，从2013年风生水起的互联网金融可以看到，核心是支付结算。因为支付结算的账户本身就是货币存在的形态，账户的移动就是交易媒介职能完成的结果。而且，所有的经济活动最终能够顺利进行，交易能够顺利进行，都取决于货币的支付结算。

当今世界上开展金融方面的竞争或者说货币战争的时候，大家最主要看的是支付结算，凡是对一个国家进行经济制裁的时候，所制裁的其实就是支付结算网络，因而支付结算是金融业非常关键的核心业务，既是银行的核心业务，也是所有金融产品、金融交易的命脉。这样的业务，应该受到严格的监管。

过去央行在发放第三方支付牌照的时候，非常清晰地要求第三方支付仅仅是完成小额支付，而且要求第三方支付的资本金要和所存款的客户的沉淀资金有一定的比例；和连接的银行有一定的限制，是五家银行，超出五家银行要增加对资本金和备付金的要求。之所以提出这些要求，就是为了保证支付结算客户资金的安全，不会有人利用支付结算来进行犯罪活动。

如果第三方支付严格地执行央行发牌照的初衷，第三方支付就会逐渐回归专业领域中的支付。因为第三方支付是小额支付，它要真实地体现客户的实名制，真实身份可追溯。想要达到要求，现在的第三方支付是很难实现的，因而它最终会回归到专业的支付领域。

其次，第三方支付销售金融产品会在传统金融业务的网上销售中失去强劲势头。各种"宝宝"的本质就是在第三方支付平台上销售金融产品、理财产品。传统金融机构掌握着非常健全的支付结算系统和几亿客户账户，当它们认识到这个问题时，凭借它们的支付能力和众多的账户数量，它们在网上销售金融产品应该说是有强大竞争优势的。

因而，第三方支付在网上的基金销售方面应该说是没有特别大的发展余地的。我认为余额宝已经基本做到了极致。

再次，2013年互联网金融得到的极大关注是基于第三方支付方面的销售和信贷等业务的。只有网络借贷和众筹资金会有广阔的发展前景，它的融资量不会高于传统金融，但服务的人群会有极大的扩展空间。

我对网络借贷和众筹融资的监管有三点建议。

第一，纯信息平台应是P2P（网络借贷）和众筹监管的基本底线。网络借贷最大的风险就在于有资金池。现在一些平台主动提出第三方存管，这是防止风险的很好的措施，但只能防范平台卷款逃跑的风险。要控制借款人的风险，还是需要征信体系的建立。

第二，小额分散是保护投资人的重要办法。信息真实披露是对融资方的基本要求，限制投融资方的金融是降低信息披露成本的重要前提。在投资方的金额比较少时，即便出现风险，对投资方的影响也不大。这种情况下，信息披露可以适当降低标准，因为目前的征信系统难以充分、完全地披露信息。在财产登记制度不健全的情况下，出于风险考虑，设立的可投资的财产比例金额可适当扩大，但应有封顶金额。

第三，鼓励民间建立征信公司，有利于促进直接融资的发展。目前，有不少政务信息已经公开化，在网上可以查到这些违反纪律和法规的行为，应鼓励民间征信系统整理这些信息。

在中国征信体系缺失的情况下，很难对借款人的资信进行好的分析。中国也缺乏财产登记制度，对出借人的资产情况和风险承受能力难以做出准确的判断。因而，这是制约P2P发展的很大的瓶颈。而基于电商平台的网上借贷，有其特有的征信体系来健康发展，在能够看到客户行为的平台上，自己建立独立的征信体系，那么P2P平台就能健康发展。

现在大家都在呼吁，希望央行管的信贷登记系统能够对社会开放，能够对P2P小贷公司开放。但是我们也应该知道，开放了以后，因为数量众多，金额很小，成本是非常高的。而且仅仅查询借贷的金额，也不能完全控制一个人的信用风险。因此，发展信贷公司是非常重要的。

所以，一方面应该呼吁央行的信贷登记系统向社会开放，另一方面我们更要着力于建立民间的征信系统。央行已经开始在准备发放牌照，网络公司有众多的信息，有大数据处理的能力，应该利用这些信息和能力，来建立民间的征信公司，帮助金融业更健康地发展。

P2P 发展道路上的三块绊脚石

郭宇航
点融网联合首席执行官、共同创始人

喧嚣后总会复归平静，浮华后必然露出本真。互联网金融在热热闹闹中过去了一年多，诸多公司浮云般飘过之后，那些出现过的平台还剩下多少？安静做事的企业依然在那里，一个个地累积客户，一轮轮地募资，一点点克服困难，一步步走向远方。

作为互联网金融最成熟的模式之一的P2P的监管，归口部门终于尘埃落定，银监会接手监管将拉开P2P行业严格规范的序幕。对一家P2P从业公司来说，如何符合监管要求，拿到合规经营的一纸"准生证"，成为其自身迫切需要解决的问题。

根据监管部门相关人士的估计，2014年年底前出台P2P行业监管细则基本上是板上钉钉的事情，这也是这届政府的一贯态度和希望。然而，新生金融业态的特殊性，使行业监管面临的具体问题尤其多。普罗大众和媒体更愿意看到新力量打破垄断带来的革命性颠覆，更容易被马儿们一骑绝尘的飒爽英姿迷倒。横亘在P2P发展道路上的这几块绊脚石亟待搬走。

如何看待 P2P 平台中的期限错配问题

银行业的发展基石就是期限与金额的错配，即时间与空间的交换所带来的价值。可以说，没有期限错配就没有银行业。但P2P平台从理论上讲不应该有期限错配，因为期限错配带来的流动性风险是P2P平台所不能承受之重。有些挂着P2P旗帜的平台业务规模很大，大量的24个月、36个月的借款产品，赖以支持的资金端投资周期往往只有12个月、6个月甚至3个月，这意味着源源不断的新增资金是前期固定周期投资人能获得到期投资退出的唯一保障。在目前大量投资人缺乏投资渠道、股市房市不振的前提下，这种情况似乎还能维系。一旦有风吹草动或其他投资机会的涌现，甚至P2P的竞争导致的资金争夺的白热化都可能导致大厦一夜将倾。所以，杜绝期限错配的P2P投资平台，方能还P2P投资之本来面目。

真实披露借款信息，特别是投资周期与借款真实期限的一一对应，是防范流动性风险的不二法门。"一一对应"有时候会造成投资方顾虑投资期限过长而投资不足，这就需要配套的流动性解决方案——二手债权转让机制。

与传统银行规定周期、规定收益的"双规产品"相比，P2P平台在技术允许的前提下提供二手债权转让市场不失为解决客户投资流动性的好方法。前提是，监管部门能不能脱离原来的监管思路，将P2P平台推出的二手债权转让视为客户增值服务的一部分，而不是规避监管的避风港。

P2P 商业模式中点对点是否意味着单点对单点

用望文生义的方式看待P2P商业模式，比较容易简单地将借贷双方的匹配归结于甲方与乙方一对一之间的交易。诚然，保持这样的交易方式，法律关系会相当清晰，也避免了非法集资的嫌疑。判断债权成立与否，厘清权利和义务，违约后责任的追究会变得较为容易。监管层比较乐于看见这样一目了然、安全简便的商业模式。然而，P2P商业模式中最精髓的风险分散优势将荡然无存。当一个借款人需要30万元借款的时候，他的需求信息经过审核发布到互联网上，要找到一个恰巧有30万元以上闲钱的投资人，而且又能认可借款人的资质，愿意一次性借出这笔资金，概率非常低。更何况通常P2P平台同时在募资的借款人可能有成百上千个，这使得所有借贷关系完成匹配的比例及可能性呈几何倍数降低。

为什么P2P商业模式既能够完成一定金额的无抵押信用小微贷款的募集（以点融网为例，小微企业信用贷款在10万元到100万元之间，笔均30多万元），又能够控制投资人的风险，保证投资人的本金相对安全？因为小额分散！按行业、地域、性别、年龄等纬度充分分散投资形成组合，将系统性的风险集中度降到最低，使得多数情况下的投资人本金的安全性得到了保障。以美国Lending Club公司的历史经验为参照，平均投资超过800个不同借款人的投资人，没有一个亏钱的。可见，分散投资的优势无可取代。如果一笔20万元的借款由1000个投资人每人出借200元构成，万一借款人无力偿还，每个投资人只损失200元。而以每个投资人平均账户投资金额为2万元计算，分散投资100个不同借款人，一个借款人违约，只损失1%的投资额。在P2P平台年化收益率普遍超过16%的情况下，投资人收益依然可以达到可观的15%以上。投资收益的提高、安全性、借款利率成本的降低都有赖于小额分散的理念。可以说，离开了小额分散的精髓，P2P将黯然失色，只是民间高利贷的网络版而已。

至于监管层普遍担心的拆标，性质完全不同。将一个募资金额达到1亿元的标的，拆分成10个1000万元的标的分别募集，风险集中在一个标的上，一旦违约，容易产生波及面很广的负面影响。这既违背了互联网金融小额、碎片化的初衷，也丧失了小额分散的优势，陷入了与银行的同质化竞争，而且在资金成本和大额放贷专业化程度上也很难和银行匹敌，以己之短攻彼之长，实为不智。

当然，要保持P2P这种小额分散的优势，必须跨越非法集资这个门槛。现行的《证券法》及最高人民法院、最高人民检察院对非法集资的相关司法解释，都将面对不特定多数人募资行为视为禁区。众筹也面临同样的司法困境。可喜的是，未来《证券法》的修订很可能对小额快速融资豁免，对募资的人数限制放宽，真正方便合理、合规的融资。以立法本意和立法智慧的角度来看，对P2P商业模式的小额分散方式的支持可以保持谨慎的乐观。

征信陷阱

当前制约P2P行业有效、迅速发展的瓶颈除了政策不明，就是征信不力了。对合规的P2P平台开放央行征信接口迫在眉睫。限制银行做小额信贷的主要因素在于成本。未来具有潜力的P2P公司应该具备数据分析和信用打分的基本能力。巧妇难为无米之炊，诸多数据中，央行征信报告的重要性毋庸置疑。很多P2P机构或要求借款人去央行人工进行本人查询，或被迫通过银行通道不合规地借道而行。开放央行征信接口，可以大大降低P2P平台的运营成本，更好地让利于借贷双方，而且有利于提高审贷效率，加快放贷速度。

违约信息不能进入央行征信，同时也是P2P平台违约率和逾期率居高不下的主要原因之一。中国的信用基础设施不够完善，同时，违约成本低也变相放任了违约者的行为。民间线下借贷和网络借贷的违约信息反向进入央行的征信系统，不仅能使借款人提高信用意识，自觉关注自己的违约可能，更能够丰富征信信息，为银行等传统金融机构提供额外的信用信息，提高社会的整体信用水平。未来，如果典当、担保、小额贷款、P2P等民间借贷机构都能够贡献信用数据，中国诚信社会的建立就有望实现。

要实现上述目标，既需要政府合理引导，也需要企业付诸努力。听闻广东小贷行业因为借款客户反感进入征信系统而放弃与央行的合作，从长期来看，不得不说是短视的。只有小贷行业真正开始服务几万、几十万小微客户，单一客户的流失也不再会影响根本，客户信用习惯才能逐步建立。

P2P的前行道路上还有很多问题，但可贵的是，监管层看到了P2P模式对于传统小微放贷模式弊端的革命性意义，在行业发生诸多负面事件之后，还能够本着呵护创新、鼓励发展的态度对待P2P行业，没有采取一棒子打死的措施。不得不承认，监管思路的革新和变化是P2P行业之福。

能够坚持规范发展、立足长远的一批行业领军企业正在以自己的实际行动证明自己存在的合理性和必要性，未来必将在中国金融史上留下不可磨灭的重重一笔！

财新丛书
Caixin book series

财新丛书
Caixin book
series